Johannes Zittmayr

Geld regiert die Welt – Wie lange noch?
Analysen und Alternativen

Johannes Zittmayr

Geld regiert die Welt – Wie lange noch?

Analysen und Alternativen

Easy-Media Druck & Verlag, Linz

Dieses Buch ist meinen Enkelkindern und allen anderen Kindern dieser Welt gewidmet.

Möge es ihnen gelingen, unseren Planeten in ein friedvolleres und gerechteres Zuhause zu verwandeln als wir es ihnen überlassen.

***

VIELE KLEINE LEUTE, AN VIELEN KLEINEN ORTEN,
DIE VIELE KLEINE DINGE TUN,
WERDEN DAS ANTLITZ DIESER WELT VERÄNDERN.

Sprichwort der Xhosa

ISBN 978-3-902773-17-3

Gesamtherstellung: Easy-Media Druck & Verlag, A-4020 Linz

Danke

für den Kauf dieses Buches.
Sie bekunden damit nicht nur Ihr Interesse
über die „Irrwege" in der Geldwirtschaft,
sondern – und das hoffe und wünsche ich –
Sie werden nach Ihren Möglichkeiten mitwirken,
den Weg zur Neuordnung eines allen Menschen
gleichwohl dienenden Geldsystems zu ebnen.
Vorschläge hierzu finden Sie in diesem Buch.

Außerdem unterstützen Sie mit diesem Kauf
das Projekt „Jetzt retten wir Kinder die Welt"
der Plant-for-the-Planet Foundation.

Ich wünsche Ihnen dazu alles Gute
und uns allen den gemeinsamen Erfolg!

Johannes Zittmayr

Vorwort

Ein altbekanntes Sprichwort lautet: „*Geld regiert die Welt!*“ Nie zuvor hat diese Behauptung eine so umfassende Dimension bekommen wie in der gegenwärtigen Zeit der globalen Finanzkrise. Spätestens mit dem Platzen der Spekulationsblase 2008 und den vollmundigen Beteuerungen der Politik, die außer Kontrolle geratenen Finanzmärkte zähmen zu wollen, ist für alle sichtbar und spürbar geworden, dass sich die Finanzwelt längst verselbständigt hat und selber diktiert, wo es langzugehen hat.

Mit den krisenhaften Erscheinungen des globalen Finanz- und Wirtschaftssystems stellen sich viele grundsätzliche Fragen zum derzeit herrschenden Geldsystem, welches es auf Grund seiner Struktur und der technischen Möglichkeiten anfällig macht für Missbrauch im großen Stil. So können beispielsweise Währungsspekulanten virtuelles Geld in unvorstellbaren Größenordnungen weltweit umherschieben, um riesige Gewinne ohne jegliche Leistungserbringung zu lukrieren. Der alles entscheidende Faktor im ganzen monetären Gefüge ist allerdings der Zins und schlussendlich der Zinseszins-Effekt.

Seit es diesen leistungslosen Geldvermehrer Zins gibt, gibt es auch unentwegt kritische Stimmen zu dieser Form der Geldwirtschaft. Obwohl in der Geschichte nachweislich Weltwirtschaftskrisen und Finanzkatastrophen auf monetäre Fehlkonstruktionen zurückzuführen sind, ist man offensichtlich nicht bereit, diese zu beheben. Die einfache Erklärung: Die Gier nach mehr Macht und mehr Geld lässt sich mit unserem derzeitigen Geldsystem am vortrefflichsten befriedigen. Nur bleiben dabei die meisten Menschen auf der Strecke. Das dem so ist, zeigen die derzeitigen Maßnahmen der Finanz- und Wirtschaftspolitik, mittels Belastungspaketen, rigorosen Sparmaßnahmen und so genannter „Rettungsschirme“ das herrschende Geldsystem zu Lasten der Bürgerinnen und Bürger zu retten.

Ein Paradigmenwechsel zeichnet sich allerdings ab: Angesichts der dramatischen Auswirkungen mehren sich die Stimmen, die eine Abkehr von diesem möglicherweise sogar menschenrechtswidrigen Geldsystem fordern. So erscheinen am Büchermarkt immer mehr einschlägige Publikationen, die Medien nehmen sich verstärkt dieses Themas an, in Internet-Foren wird emotionsgeladen diskutiert, Bürgerinitiativen formieren sich und verlangen unüberhörbar tiefgreifende Reformen des herrschenden Geldsystems.

Diese nun vorliegende Publikation mit dem Untertitel *„Analysen und Alternativen“* hebt sich von den meisten am Markt befindlichen Fachbüchern insofern ab, als es zunächst in kurz gefassten Kapiteln das wahrscheinlich gesamte Spektrum des „Tauschmittels“ Geld abdeckt, um somit dem interessierten Leser und der interessierten Leserin einen umfassenden Einblick in die Materie zu geben. Aber das wäre zu wenig! Es geht nicht nur darum, Informationen zu erhalten und Zusammenhänge zu verstehen, sondern darum, selber aktiv zu werden nach dem Motto *„Sehen – Urteilen – Handeln“* und eigene Handlungsschritte zu setzen. Veränderungen, gleich welcher Art, sollen nicht dem Schicksal überlassen bleiben, sondern durch konsequentes Einfordern und aktives Mitgestalten zu Stande kommen. Aus diesem Grunde und um derartige eigene Aktivitäten zu erleichtern, wurden jedem Kapitel nach der Fragestellung *„Was kann man da machen?“* diesbezügliche Anregungen beigefügt.

Niemand soll sagen: „Da kann man eh nichts machen!“ Vergessen wir eines nicht: Niemals in der Menschheitsgeschichte war der Einzelne so mächtig wie heute im Informationszeitalter. Dies aber nur dann, wenn er diese „Waffe“ zu nutzen weiß und sich „brüderlich und schwesterlich“ vernetzt und mit möglichst einer Stimme spricht.

Es ist nötig, dass alle verstehen, dass das Geldsystem in dem wir leben niemals Frieden und Wohlstand für alle erzeugen kann. Wenn es die Menschen nicht verstehen (wollen) und nicht einen geordneten Übergang zu einem völlig anderen Geldsystem in die Wege leiten, wird es mit Sicherheit zu einem unvorstellbar dramatischen Crash kommen. Die Welt ist durch die neoliberale Globalisierung so ineinander verwoben, dass kein Land dieser Erde von den verheerenden Auswirkungen verschont bleiben wird.

Bei der Erstellung dieses Buches wurde nicht nur das eigene berufsspezifische Wissen herangezogen, sondern es wurde sehr sorgfältig recherchiert, wobei nach Möglichkeit mehrere Quellennachweise herangezogen wurden. Insbesondere dann, wenn es um Tatbestände ging, die einen „wütend machen“ und vielfach ungenaue oder falsche Darstellungen kolportiert werden.
Trotz intensiver Recherchen kann aber bei keinem der abgehandelten Themen eine Haftung für deren uneingeschränkte Richtigkeit übernommen werden.
Noch etwas: Kritische LeserInnen setzen voraus, dass jemand, der ein Fachbuch schreibt, von der Materie auch etwas versteht. Wie kann nun aber jemand ein System kritisieren, wo er doch selber jahrzehntelang in seiner beruflichen Tätigkeit Teil dieses Systems war? Die Erklärung ist ganz einfach und auch logisch: Der damalige Arbeitgeber war ein Geldinstitut, welches statutengemäß ausschließlich dem Gemeinwohl verpflichtet war, nämlich eine Gemeindesparkasse. Völlig andere Prioritäten haben Banken und Sparkassen, wenn sie rechtlich Aktiengesellschaften sind: Dann gilt vornehmlich die Shareholder-Value-Doktrin. Das Aktienrecht hat die Moral der Banken und Sparkassen zerstört. Das Motto *„In jeder Beziehung zählen die Menschen“* ist zur leeren Worthülse geworden.
Eines darf ich für mich als Autor dieses Buches in Anspruch nehmen: Wer nach aufmerksamem Lesen dieses *„Sach- bzw. Arbeitsbuches“* noch weiterhin das herrschende Geldsystem als unersetzbar ansieht, der hat entweder die Problematik nicht verstanden, oder er ist ein „Netto-Profiteur“ des Zinssystems, dem es nichts ausmacht, dass viele andere „Zinssklaven“ für ihn arbeiten.
Wer allerdings die richtigen Schlüsse aus dem Buch zieht, wird überzeugt davon sein, dass es für eine Neuordnung unseres Geldsystems höchst an der Zeit ist.

Johannes Zittmayr

Zum Gebrauch dieses Buches

Sie halten ein Arbeitsbuch in der Hand:

- Das erste Kapitel dieses Buches trägt die Überschrift „*Wirtschafts-Zitate*". Es ist damit die Absicht verbunden, dass der Leser und die Leserin zum Einstieg in die Materie mit Aussagen von namhaften Persönlichkeiten aus Wirtschaft, Politik und Religion zu den problematischen Entwicklungen im Geldwesen vorinformiert werden. Ernst genommen werden diese mahnenden Stimmen von den derzeitigen Akteuren in Politik und Wirtschaft allerdings kaum. Es muss damit gerechnet werden, dass jene Entscheidungsträger, die die Problemlösung in einem kontinuierlichen Wirtschaftswachstum und einem Schuldenabbau durch Einsparungsmaßnahmen und Belastungspaketen sehen, ihre neoliberale Wirtschaftsphilosophie verteidigen werden. Niemals jedoch wird der alle Probleme verursachende Faktor ZINS in Frage gestellt. Das heißt also: Die Problemlösung kann nicht „von oben" kommen, sondern sie muss „von unten" gefordert und letztlich auch durchgesetzt werden. Wenn Sie dieses Buch aufmerksam unter Berücksichtigung der zahlreichen Beweise und anderer einschlägiger Informationsquellen durchgelesen haben, werden Sie zur Überzeugung gelangen, dass unser heutiges Geldsystem – auch mit Ihrer Hilfe – beseitigt werden muss.

- Sehr hilfreich für Ihre weiterführenden Recherchen und Informationsbedürfnisse wird die in diesem Buch enthaltene Linksammlung sein. Nutzen Sie unbedingt diese wichtigen Informationsquellen. Die dem jeweiligen Link beigefügte Kurzbeschreibung erleichtert Ihnen das selektieren.

- Die Komplexität und Vielschichtigkeit des Themas GELD wird in den letzten Jahren in zahlreichen Publikationen immer kritischer abgehandelt. Es werden darin von ernst zu nehmenden Experten konkrete Vorschläge für ein zukunftsfähiges und gerechtes Geldsystem gemacht. Eine Auswahl dieser Lektüre finden Sie in der beigefügten „Bücherliste“.

- Am anschaulichsten und somit wahrscheinlich am einprägsamsten sind visuelle Darstellungen von Fakten und Hintergrundinformationen. Sollten bei Ihnen Zweifel aufkommen ob der Richtigkeit so mancher in diesem „Arbeitsbuch“ dargelegten Behauptungen, dann schauen Sie sich bitte einschlägige Dokumentarfilme und Videos an. Sie finden in diesem Buch eine Auflistung themenbezogener Filme.

- Thematisch ist das Buch so gegliedert, dass sich die Reihenfolge der Kapitel zunächst mit der derzeitigen Situation im Geldwesen befasst. Ein gleiches Thema (z. B. die Frage des Zinses) wird manchmal in mehreren Kapiteln nuanciert abgehandelt und taucht zwischen zwei völlig anderen Themen wieder auf. Anschließend wird aufgezeigt, welche neuen Konzepte bereits überlegt und zum Teil auch schon praktiziert werden.

- Nach der Lektüre der jeweiligen Kapitel werden Sie mit der Frage „*Was kann man da machen?*“ eingeladen, selber im Rahmen Ihrer Möglichkeiten aktiv zu werden. Nur wenn sehr viele Menschen auf offensichtliche Probleme reagieren, konkret nachfragen und Lösungen einfordern, dann kann auch etwas bewirkt werden. Initiativen hierzu werden Ihnen durch Angabe von möglichen Ansprech-Adressen verhältnismäßig leicht gemacht.

- Unsere moderne Kommunikationsgesellschaft ermöglicht mittels Internet ein schnelles, effizientes und koordiniertes Handeln. Sollten Sie selber keinen direkten Zugang zu diesen Medien haben, dann transportieren Sie Ihr Anliegen über Mittelspersonen. So werden beispielsweise Ihre Kinder und Enkelkinder Ihr Engagement für eine gerechtere Welt mit Achtung vor Ihnen hoch schätzen.

- Wenn Sie noch unschlüssig sind, ob Sie bei der Forderung „Neues Geldsystem“ aktiv mitmachen sollen, dann beachten Sie auch die Botschaften auf den jeweils dritten Kapitelseiten. Es sind zumeist kompakt und überzeugend formulierte Aussagen namhafter Persönlichkeiten zur jeweiligen Thematik.

- Die letzte Seite der jeweiligen Kapitel ist leer und hat nur die Überschrift „*Eigene Anmerkungen*". Es geht hierbei darum, dass Ihnen auf dieser Seite die Möglichkeit gegeben wird, spontane Einfälle und überlegenswerte Handlungen gleich zu Papier zu bringen.
- Vergegenwärtigen Sie sich immer eines: Während Sie dieses Buch lesen oder während Sie auf reelle Weise Ihr Geld verdienen, produzieren die Banken unaufhörlich „Luftgeld", das nur marginal der Realwirtschaft dient, sondern mit dem Spekulanten großvolumig Gewinne machen wollen.
- Das Geheimnis unseres Geldsystems beurteilt Henry Ford (1863 – 1947) so: ***„Es ist gut, dass die Bürger der Nation unser Banken- und Geldsystem nicht verstehen, denn würden sie es verstehen, gäbe es, glaube ich, eine Revolution – vor morgen früh!"***

Dieses Buch soll dazu beitragen, dass möglichst viele Menschen unser Banken- und Geldsystem hinterfragen, verstehen und daraus Schlüsse ziehen. Machen Sie daher mit bei der von Henry Ford prognostizierten Revolution! Denn bedenken Sie eines: Die anonymen Finanzmärkte und die dahinter stehenden Großkonzerne verfolgen nach der Philosophie des „*Konsens von Washington*" vor allem ein Ziel: Die völlige Privatisierung von Staatseigentum. Zu diesem Zweck werden auch ganze Staaten in den Ruin getrieben …
Gegen dieses global agierende Finanz-Netzwerk kann erfolgreich nur mit dem derzeit mächtigsten Waffensystem revoltiert werden: Mit der globalen Vernetzung mittels Internet. Aber auch mit gut organisierten Bürgerinitiativen.
Handeln wir – im eigenen Interesse und im Interesse unserer Kinder und Kindeskinder. Wie dies gehen kann, will Ihnen dieses Buch näherbringen.

Inhalt

Gedichte des Autors:

Wirtschafts-Zitate 1

„Heute sind die internationalen Finanzmärkte wohl die erste Weltmacht, mächtiger als selbst die USA." (Erich Streissler, Experte für int. Finanzmärkte, 2000)

„Die Wenigen, die das Geldsystem verstehen, werden so sehr an seinen Profiten interessiert oder so abhängig sein von der Gunst des Systems, dass aus deren Reihen nie eine Opposition hervorgehen wird. Die große Masse der Leute aber, mental unfähig zu begreifen, wird seine Last ohne Murren tragen, vielleicht sogar ohne zu mutmaßen, dass das System ihren Interessen feindlich ist." *(Rothschild 1863)*

„Banken erfinden Geld aus Luft, unser gegenwärtiges Finanzsystem ist ein reines Betrugsmodell und die freien Märkte – von den Finanzeliten als Allheilmittel gepriesen – machen Reiche noch reicher, während für immer mehr Menschen immer weniger übrig bleibt."

(Wirtschaftswissenschaftler Franz Hörmann)

„Die besondere Dynamik des kapitalistischen Wirtschaftssystems besteht darin, dass Geld und Zins miteinander verbunden sind. Rein mathematisch reißt der Zins die Menschen auseinander: diejenigen, die an der Armut zugrunde gehen, und diejenigen, die an der Zahlungsnot des Kreditnehmers immer reicher werden." *(Eugen Drewermann, Theologe)*

„Es gibt heute etwas höchst Unnatürliches in der sozialen Ordnung. Das besteht darin, dass das Geld sich vermehrt, wenn man es bloß hat. Man legt es auf eine Bank und bekommt Zinsen. Das ist das Unnatürlichste, was es geben kann … Man tut gar nichts, man legt sein Geld, das man vielleicht nicht erarbeitet, sondern ererbt hat, auf eine Bank und bekommt Zinsen dafür. Das ist ein völliger Unsinn." *(Rudolf Steiner, österr. Philosoph)*

„Eine Welle von Sparpaketen führt nicht zum Wachstum, sondern zu einer Konsumdämpfung. Das ist der Stoff, aus dem Depressionen gemacht sind." *(Stephan Schulmeister)*

„Wirtschaft ist dazu da, Bedürfnisse abzudecken. Sie soll dem Menschen dienen und nicht umgekehrt. Dieses Verhältnis wurde am Finanzmarkt massiv umgedreht. Wir haben jetzt die paradoxe Situation, dass gesellschaftlich eingespart werden muss, um die Kosten der Krise zu bewältigen. Es gibt Steuerpakete, Ausgabenkürzungen, hohe Staatsverschuldung – die Gesellschaft muss ein Finanzsystem aufrechterhalten."

(Klaus Gabriel, Sozial- und Wirtschaftsethiker)

„Der Neoliberalismus hat sich als untaugliches Konzept erwiesen. Nun müssen wir wirtschaftliche Strukturen entwickeln, die die Leistung des Einzelnen fördern und belohnen." *(Michael Spindelegger in einem Krone-Interview)*

„Die ‚Befreiung der Marktwirtschaft vom Kapitalismus' ist nicht ein utopisches Ziel; die zentrale Fehlstelle in unserer Selbstorganisation ist längst erkannt: Die schrankenlose Macht des Geldes, dem auf Erden alles offen stehen soll, während es den Menschen, die es nicht besitzen, mehr und mehr an Freiheit nimmt." *(Peter Kafka, dt. Astrophysiker)*

„Die Schaffung eines Geldes, das sich nicht horten lässt, würde zur Bildung von Eigentum in anderer wesentlicherer Form führen." *(Albert Einstein)*

„Man kann nur hoffen, dass die Menschheit nicht erst noch weitere durch das Zinssystem verursachte Katastrophen erleiden muss, sondern schon vorher klüger wird und die entsprechenden notwendigen Veränderungen einleitet." *(Prof. Dr. Bernd Senf)*

„Nicht die Politiker machen die Politik, sie sind nur die Ausführenden. Was in der Politik geschieht, diktieren die internationalen Großkonzerne und die Banken!" *(Johannes Rau, ehem. deutscher Bundespräsident)*

Was kann man da machen?

Die Politik muss sich vom Diktat der Banken und Großkonzerne befreien. Fordern wir das unmissverständlich von den gewählten Politikern!

Geld regiert die Welt 2

„Gebt mir die Kontrolle über die Geldversorgung einer Nation, und es ist mir egal, wer ihre Gesetze macht.“

Dieses erschreckende und folgenschwere Zitat wird dem Privatbankier Mayer Amschel Rothschild (1744–1812) zugesprochen. Und es sollten sich diese prophetischen Worte des Gründers des Bankhauses Rothschild zu Beginn des 20. Jahrhunderts in den Vereinigten Staaten von Amerika recht unheilvoll bewahrheiten. Damals geschah Folgendes: Im Jahre 1913 gelang es einem privaten Bankenkartell, mittels eines konspirativ vorbereiteten Handstreichs, das amerikanische Parlament zu überlisten und die Kontrolle über die Währung zu erlangen. Diesen so genannten „Federal Reserve Act“ autorisierte eine private Zentralbank (die Fed).

Von Thomas Jefferson, dem dritten Präsidenten der USA, stammt folgendes Zitat: *„Eine private Zentralbank, die Zahlungsmittel ausgibt, ist für die Freiheiten der Menschen eine größere Gefahr als eine stehende Armee.“*

In der Zwischenzeit ist es weltweite Realität: Die Staatsgewalt geht de facto nicht vom Volk aus, wie es in demokratischen Verfassungen grundgelegt ist, sondern von Banken, Konzernen, vielfach auch von Medien und Politikern, die ihre gemeinsamen Interessen gegen den Willen des Volkes durchsetzen.

Es stellt sich die Frage: Warum haben die Staaten das Instrumentarium der Geldschöpfung aus der Hand und in die Hoheit der Privatbanken gegeben? Warum müssen sich jetzt die Staaten Geld von Privatbanken leihen, obwohl sie doch selbst das Währungsmonopol haben könnten? Es wird so argumentiert: Wegen der Abschaffung des Goldstandards musste verhindert werden, dass der Staat unbegrenzt Geld druckt und Inflation erzeugt. Es ist nicht nachvollziehbar, warum die Politik diesen Schachzug der Plutokratie nicht durchschaut hat. Es ist doch offensichtlich, dass die mehrheitlich in Privatbesitz befindlichen Banken nicht im öffentlichen, sondern im eigenen Interesse agieren.

Vergegenwärtigen Sie sich eines: Das gesamte im Umlauf befindliche Geld, welches die Banken nach Wegfall des Goldstandards „aus dem Nichts schöpfen" wird dem Staat, den Unternehmen und den Bürgern von ihnen nur geliehen und wenn es zurückbezahlt wird, existiert es nicht mehr. Das Geld für die Zinsen wird von den Banken ebenfalls extra geschaffen, verliehen und wieder vernichtet.
Die Auswüchse der Geldschöpfung durch die Banken soll am Beispiel der Bankenrettungspakete verdeutlicht werden:
Etliche Großbanken brauchten zur Kollapsverhinderung Geld, also bekamen sie es vom Staat. Der hatte aber selbst kein Geld, also lieh er es sich von den Banken. Doch woher hatten diese nun plötzlich das Geld, um es dem Staat zu leihen? Banken verleihen eben nicht – was viele heute immer noch denken – vorhandenes Geld, sondern: Sie erzeugen es, indem sie Kredit geben und dafür Zinsen verlangen. Geld entsteht also durch Schulden.
Stellt sich da nicht die grundsätzliche Frage: Warum muss sich der Staat fremdverschulden und Zinsen zahlen? Könnte er nicht selber eigenes Geld herausgeben?

Der ehemalige Präsident der Deutschen Bundesbank, Hans Tietmeyer, sagte beim Weltwirtschaftsforum in Davos bereits 1996 Folgendes:
„Ich habe bisweilen den Eindruck, dass sich die meisten Politiker immer noch nicht darüber im Klaren sind, wie sehr sie bereits heute unter der Kontrolle der Finanzmärkte stehen und sogar von ihnen beherrscht werden."

Was kann man da machen?

Lesen Sie dieses Kapitel allenfalls noch einmal durch, um die ganze Tragweite dieses Systemfehlers erfassen zu können. Faktum ist, dass die Politik bzw. der Staat eines der wichtigsten Instrumentarien für die Sicherung eines geordneten und gerechten Wirtschaftskreislaufes aus der Hand und in die Hoheit der Privatbanken gegeben hat. Fragen Sie die Politiker: Welcher Gesetzesbeschluss liegt dieser Regelung zu Grunde? Verlangen Sie eine schriftliche Stellungnahme.

Geldmacht

Strukturen und Akteure des Reichtums in Europa

Reichtum und Geldmacht haben unter herrschaftstheoretischen Gesichtspunkten eine neue historische Stufe erreicht. Die Postulierung einer globalen „herrschenden Klasse" mag verfrüht sein, aber die Frage nach einem neuen Souverän drängt sich immer mehr auf. Die Akteure und Profiteure des gegenwärtigen Globalisierungsprozesses können als ein komplexes Netzwerk teils kooperierender, teils konkurrierender Eliten begriffen werden. Im Zentrum dieses „Geldmachtapparats" haben sich verschiedene, per se höchst interessante Gruppen heimisch gemacht: teils in Gestalt eines über Generationen vererbten Reichtums, teils in Gestalt alten oder neuen europäischen Adels, teils in Gestalt eines mithilfe technischer, finanzpolitischer oder marketingmäßiger Innovationen zusammengerafften Neureichtums, teils in Gestalt eines durch korrupte Privatisierungspraktiken erzeugten Oligarchentums, teils in Gestalt von Mafia-Milliardären. Diese „Geldelite" wird unterstützt von „Funktionseliten": Spitzenmanagern, politischen Oligarchen, Technokraten usw. Eine neue Oberschicht mit eigenen Macht- und Herrschaftsperspektiven entsteht, deren vereinsrechtliches Vorbild die US-amerikanische Plutokratie sein dürfte.

(Aus „*Wie Geld- und Machteliten sich die Welt aneignen*"
von Dr. H. J. Krysmanski, Prof. für Soziologie an der Uni Münster.
Homepage www.hjkrysmanski.de)

Eigene Anmerkungen:

Das Geld arbeiten lassen 3

Haben Sie schon einmal Geld gesehen, das arbeitet? Natürlich nicht! Trotzdem wird diese unsinnige Floskel gerne in den Mund genommen. Vor allem von jenen, die viel Geld haben und es so anlegen, dass es durch Zinsen und Zinseszinsen, durch Dividenden, durch Spekulationsgeschäfte etc. tatsächlich immer mehr wird. Es gibt ja auch Banken und Anlageberater, die mit dem verführerischen Slogan *„Lassen Sie Ihr Geld arbeiten"* Werbung betreiben.
Ein vehementer Verteidiger des Kapitalismus, der Wirtschaftsjournalist und Wachstumsfetischist Dr. Paul C. Martin, schreibt in seinem Buch „Aufwärts ohne Ende" im Kapitel „Jubel" Folgendes:
„Wenn Sie dieses Kapitel in Ruhe zu Ende gelesen haben, wird die Welt schon wieder um 50 Millionen Mark reicher geworden sein – selbstverständlich, ohne dass da noch irgendwo irgendjemand einen Finger bewegen muss. Außer dem Buchhalter natürlich, der auf die Zinseszinstaste drückt. Nur mit Geld kann man noch richtig Geld verdienen."
Dass das so nicht stimmen kann, ist leicht erklärt: Wenn ich für mein Geld, das ich einer Bank oder einem Fonds zur Veranlagung überlasse, Zinsen, Dividenden etc. bekomme und somit mein Kapital immer mehr wird, dann muss logischerweise jemand anderer für diesen Zuwachs aufkommen. Es muss jemand anderer für mich arbeiten, damit sich mein Geld ohne mein Zutun vermehren kann. Ein Schlaraffenland gibt es nicht!

Der Zins ist es, der die Überlegenheit des Geldbesitzers über den Warenbesitzer schafft. Und das deswegen, weil demjenigen, der Geld übrig hat und es dem Wirtschaftskreislauf (d. h. der Realwirtschaft) entzieht, damit keine Nachteile entstehen. Der Anbieter von Waren hingegen kann seine Produkte jedoch nicht länger kostenlos, ungestraft oder gar mit Vorteil (wie der „Geld-Zurückhalter") dem Kreislauf und dem Angebot entziehen. Die Ware würde entweder verderben oder nicht mehr aktuell sein.

Wohin fließen nun die Gelder, die dem Wirtschaftskreislauf vorenthalten werden? Der weitaus größte Teil wird umgeleitet in die internationalen Finanzmärkte, die aber nicht in reale Produktionsobjekte investieren, sondern in spekulative Finanzgeschäfte. Diese für die Vermehrung bestimmten Gelder suchen mittels hochtechnisierter Computerprogramme den ganzen globalen Aktienmarkt nach dem höchstmöglichen Ertrag ab. Die dadurch entstehenden Kursentwicklungen der jeweiligen Aktiengesellschaften haben mit deren realwirtschaftlicher Grundlage nichts zu tun. Aktien werden gekauft und verkauft, um Gewinne zu machen. Die spekulativen Gelder nutzen auch die Kursdifferenzen von Wertpapieren und Devisen in verschiedenen Ländern aus, um daraus Gewinne zu schlagen. In diesem Sinne lässt man das Geld arbeiten, damit es sich ohne eigene Leistungserbringung vermehrt. Das Problem dabei ist allerdings, dass es durch diese unrealen, den Gepflogenheiten eines Spielcasinos ähnelnden Transaktionen immer mehr zu einer Aufblähung einer Spekulationsblase kommt, die unweigerlich einmal platzen wird.

Was kann man da machen?

Unser herrschendes Finanzsystem, welches eine Geldvermehrung ohne Leistungserbringung ermöglicht, ist grundsätzlich zum Scheitern verurteilt. Je später der Ausstieg erfolgt, desto dramatischer werden die Folgen sein. Eine „freiwillige" Abkehr wäre erstrebenswert. Aber von der faktisch regierenden Hochfinanz ist das nicht zu erwarten. Die Forderung danach müsste eine moralische Institution stellen. Und das wären prinzipiell die Religionen, die geschlossen auf den Plan treten müssten. Schreiben Sie beispielsweise an den Ökumenischen Rat der Kirchen Österreichs (Gremium der 14 vom Staat anerkannten christlichen Kirchen) und fordern Sie diesen auf, diese Fragen in einer Vollversammlung zu thematisieren. Adresse: Ökumenischer Rat der Kirchen in Österreich (ÖRKÖ), Severin-Schreiber-Gasse 3, 1180 Wien. E-Mail: oerkoe@kirchen.at

Solange der Zins

die Umlaufsicherung des Geldes ist,

müssen diejenigen,

die nur ihre Arbeitskraft anzubieten haben,

für diejenigen, die Kapital haben,

die Zinsen erarbeiten.

Geld kann nicht arbeiten

und sich auch nicht vermehren.

Nur Menschen und Maschinen

können arbeiten

und nur durch deren Arbeit

vermehrt sich Geld.

(Wolfgang Berger)

Eigene Anmerkungen:

Madoff – der falsche Prophet 4

Madoff kam, versprach – und sie glaubten ihm. Es ist unfassbar, wie viele Personen und institutionelle Anleger weltweit auf die Versprechungen des US-amerikanischen Ex-Nasdaq-Chefs Bernard J. Madoff hereingefallen sind. Es ist nur mit einem Wort erklärbar: Gier! Gier nach mehr Gewinn. Mehr Profit als andere bieten. Madoff genoss den Ruf eines prominenten Wertpapierhändlers, als Mann von tadellosem Ruf, als hoch angesehener, erfolgreicher Investor und er galt zudem als Wall-Street-Legende.
Die Verheißungen Madoffs waren so verlockend, dass man einfach nicht widerstehen konnte. Er bot jährliche Renditen von 8 – 12 % und zahlte diese auch immer pünktlich aus – jahrelang. Bis sein gefinkeltes Schneeballsystem am Beginn der Weltwirtschaftskrise 2008 zum Einsturz kam. In der Folge haben dann abertausende Menschen ihre dem Ex-Broker Madoff anvertrauten Gelder (auch Lebensersparnisse und Altersrücklagen) verloren. Madoff hat sehr umfassend betrogen: Nicht nur Millionäre, sondern auch kleine Anleger, wie Rentner, Witwen, Mittelständler, Automechaniker, Forstarbeiter, Lehrer. Weiters berühmte Schauspieler, führende Industrielle, gemeinnützige Stiftungen, Wohltätigkeitsorganisationen, Universitäten und vor allem Großbanken aus aller Welt haben Milliarden Euro in die Madoff-Investmentfirma gesteckt – Geld, das sie nicht mehr sehen werden. In Österreich wurden vor allem Privatanleger mit einer Gesamtsumme von rund 350 Millionen Euro geschädigt.

Madoffs Betrugsspiel bzw. Methode beruhte übrigens auf einen der ältesten Tricks der Finanzwelt, den der bisher größte Schwindler der amerikanischen Geschichte, Charles Ponzi, schon in den 1920er-Jahren anwandte. Bei dem nach ihm benannten „Pyramiden-Trick" wird die Rendite von Investoren durch Einlagen neuer Investoren gedeckt. Das geht so lange gut, bis es keine neuen Investoren mehr gibt – und dann bricht das Ganze zusammen.

Erst die durch das Platzen der Immobilienblase in den USA 2008 ausgelöste Finanzkrise sorgte dafür, dass Madoff aufflog: Die hohen Verluste an der Wall Street zwang Hedgefonds, ihre Madoff-Investments zurückzufordern. Und da stellte sich heraus, dass das dem Finanzmakler Madoff anvertraute Geld nur auf dem Papier existierte. Agierte Madoff alleine oder hatte er Helfershelfer? WELT-ONLINE berichtet in ihrem Artikel vom 21. 10. 2009, dass zumindest drei Großunternehmen (die Geldhäuser JP Morgan Chase und Bank of New York Mellon sowie die Wirtschaftsprüfungsgesellschaft KPMG) eine zentrale Rolle im Betrugsfall Madoff gespielt haben sollen, indem sie halfen, fast 6 Milliarden Dollar an Anlagegeldern reinzuwaschen.
Dieser exemplarische Betrugsfall zeigt eines: Börsenkrisen und Rezession offenbaren in dramatischer Weise die Schattenseiten eines auf Spekulation aufgebauten Anlagegeschäftes. Blinde Aufsichtsbehörden und das unreflektierte Vertrauen eingelullter Investoren erleichterten Madoff sein betrügerisches Spiel. Mit der Aufdeckung der kriminellen Madoff-Strategie bricht ein System zusammen, bei dem viele Akteure mitgespielt haben – ob aus Gier, Naivität, Lethargie oder Dummheit. Ein besseres Sinnbild für die Kredit- und Finanzkrise könnte man kaum finden. *(Zitat aus SPIEGEL-ONLINE v. 15. 12. 2008)*
Der 71-jährige Madoff wurde am 29. Juni 2009 zu 150 Jahren Freiheitsstrafe verurteilt. Er hat weltweit ca. 4.800 Anleger mit einer Gesamtsumme von rund 65 Milliarden Dollar geschädigt. Das *Wall Street Journal* bezeichnet den Fall Madoff als den „größten Finanzbetrug der Geschichte".

Was kann man da machen?

Eigentlich ganz einfach: Erstens die Ertragserwartungen nicht zu hoch ansetzen. Diese vom selbsternannten Messias Madoff versprochene Höchstrendite war völlig unrealistisch (das werden Sie auch erkennen, wenn Sie dieses Buch durchgelesen haben). Wollen Sie sicher gehen, dass Ihre Veranlagungen in Aktien moralisch unbedenklich sind, dann eher in Ethik-Fonds investieren.

Ich glaube, dass wir in unserem Geldsystem
eine Art karzinombildendes Element haben,
das unsere Wirtschaft fortwährend krank macht.
Meiner Meinung nach kann dieses Geldsystem
nur dadurch funktionieren,
dass es immer wieder zusammenbricht
und dann wieder von vorn begonnen wird.
Diese Zusammenbrüche nennt man dann Kriege,
Wirtschaftskrisen oder Inflationen,
je nachdem, aber das bedeutet nur,
dass dieses System in sich selbst
kein Regulativ hat,
was zu einer vernünftigen Eindämmung
führen würde.

(Michael Ende, dt. Autor, 1992)

Eigene Anmerkungen:

Lehman Brothers und Goldman Sachs 5

Die beiden US-amerikanischen Monster-Investmentbanken *Lehman Brothers* und *Goldman Sachs* stehen synonym für Unverantwortlichkeit, Korruption, Maßlosigkeit, Vertuschung, Irreführung, Unmoral, Größenwahn und Abzockerei. Wegen der Ballung von soviel Untugenden ist es der Politik kaum möglich, diesen Filz aufzureißen, zumal sie offensichtlich in vielen Belangen selbst darin verstrickt ist. Die US-amerikanische Wertpapieraufsicht SEC fand schon früh heraus, dass die beiden Immobilienriesen ihre Bücher über Jahre hinweg gefälscht und Betrügereien in der Größenordnung von hunderten Milliarden Dollar begangen hatten. Es gab Krisensitzungen mit den Oligarchen der Finanzindustrie, das sind jene amerikanischen Großbanken, die selber in diesen betrügerischen Aktivitäten verwickelt sind. Sie wurden aber weder angeklagt noch verurteilt, auch nicht diskreditiert. Es bleibt nach wie vor weitestgehend bei den dubiosen Geschäftspraktiken und den gigantischen Bonuszahlungen. Daraus kann die Ohnmächtigkeit der Politik gegenüber dem neoliberalen Bankengeflecht ersehen werden. Dieses Faktum ist eine Auswirkung des in den 1970er- und 1980er-Jahren geschlossenen *Consens von Washington*, der eine völlige und globale Liberalisierung aller Märkte ohne staatliche Kontrolle oder Regulierung vorsieht.

Die globale Finanzkrise, in der wir uns jetzt befinden, „verdanken" wir eigentlich den Lehman Brothers. Mit den Lehman Brothers hat alles seinen Anfang genommen. Diese für die Rettung durch den Staat bereits zu große US-Bank ist am 15. 9. 2008 mit einem Schuldenberg von 600 Milliarden US-Dollar kollabiert und untergegangen. Sie ist zu einem Symbol der Irrwege im Bankwesen geworden. Weltweit mussten Staaten das Finanzsystem mit Billionen von Euro vor dem Kollaps retten und die Konjunktur erlebte den schwersten Einbruch seit dem Zweiten Weltkrieg. Zehntausende empörte Käufer von wertlosen Lehman-Zertifikaten stehen für das auf breiter Basis verlorene Vertrauen in die Solidität von Banken.

Es waren insofern hochriskante Hypotheken-Spekulationen, als man Millionen von US-Staatsbürgern für die Errichtung von Wohnhäusern besonders zinsgünstige Kredite aufschwatzte, auch im Wissen, dass diese aus eigenen Einkünften niemals zurückbezahlt werden konnten. Argumentiert wurde von den Lehman-Keilern damit, dass die Immobilienpreise in den nächsten Jahren kräftigt ansteigen werden und sodann die Häuser mit großem Gewinn wieder verkauft werden können. In der Folge hat Lehman Brothers diese „Giftmüll-Papiere“ (wertlose Hypothekenzertifikate, Lehman-Derivate und Anleihen) von mehreren hundert Milliarden Dollar in die ganze Welt weiterverkauft und damit den „Schwarzen Peter“ in betrügerischer Absicht weitergegeben. Es kommt zu einer gewaltigen Schockwelle rund um den Globus und der Domino-Effekt reißt gewaltige Löcher (Abschreibungen) in der Dimension von Hunderten Milliarden Euro in die Bankbilanzen.

Worin lag nun das Verbrechen von Goldman Sachs, der größten und erfolgreichsten Investmentbank der Wall Street? Die US-Börsenaufsicht *SEC* hatte ihr vorgeworfen und nachgewiesen, Investoren beim Verkauf von faulen US-Hypothekenpapieren hinters Licht geführt zu haben, indem sie ihnen die Rolle eines großen Hedgefonds verheimlichte, der auf das Scheitern dieser Papiere wettete. Anleger setzten dagegen auf steigende Immobilienmärkte und verspekulierten sich mit verheerenden Folgen für die gesamte Finanzwelt. Um einer Anklage wegen Betrugs zu entgehen, musste Goldman Sachs eine Strafzahlung von 550 Millionen Dollar für den von ihr verursachten Milliardenschaden entrichten (das entspricht etwa dem Gewinn von zwei Wochen).

Was kann man da machen?

Vielleicht eher in Ethik-Fonds investieren?!

Das Verantwortungsbewusstsein

der Finanzbranche für die Allgemeinheit
ist nicht etwa gering.
Es ist nahezu nicht vorhanden.
Vielleicht ist dies im System begründet.
Sich gegen den Wahnsinn auszusprechen
könnte bedeuten, diejenigen zu ruinieren,
die sich von ihm haben hinreißen lassen.
Deswegen schweigen die weisen Männer
der Wall Street lieber.
Die Narren haben das Feld für sich.
Niemand pfeift sie zurück.

(Zitat des US-Ökonomen John Kenneth Galbraith
aus dem Buch „*Der Crash kommt*" von Max Otte)

Eigene Anmerkungen:

Der Konsens von Washington 6

Der radikale Kritiker des Kapitalismus, Guy-Ernest Debord, schreibt in einem seiner gesellschaftskritischen Werke: *„Zum ersten Mal sind dieselben Leute Herr über all das, was wir tun, und über alles, was wir darüber sagen.“* Gemeint sind damit die Herren und Meister des neoliberalen Wirtschaftssystems, in der Hauptsache riesige Konzerne, die weite Bereiche der internationalen Wirtschaft kontrollieren und über Mittel zur Beherrschung der politischen Willensbildung und zur Beeinflussung der öffentlichen Meinung verfügen. Diese Gebieter beherrschen das Universum ebenso sehr durch ihre ideologischen Aussagen wie durch den wirtschaftlichen Zwang oder die militärische Dominanz, die sie ausüben.
Der ideologische Leitstern ihres Tuns trägt einen unverfänglichen Namen: *„Konsens von Washington“*. Es handelt sich dabei um ein Bündel von Abmachungen (Gentlemen's agreements), die im Laufe der 1980er- und 1990er-Jahre zwischen den wichtigsten transkontinentalen Gesellschaften, diversen Wall-Street-Banken, der US-Notenbank und internationalen Finanzorganisationen (Weltbank, Internationaler Währungsfonds usw.) getroffen wurden.

Die internationale Wirtschaftspresse sieht diese Institutionen als Kernstück einer „faktischen Weltregierung“, die in einem „Neuen Zeitalter des Imperialismus“ die Interessen der Transnationalen Unternehmen (TNCs), Banken und Investmentfirmen vertritt.
Der neoliberale *„Konsens von Washington“* bezieht sich auf eine Reihe von Marktprinzipien, die die US-amerikanische Regierung mit den von ihr weitgehend beherrschten internationalen Finanzinstitutionen entworfen und durchgesetzt hat. 1989 wurde der „Konsens“ durch Johan Williamson, Chefökonom und Vizepräsident der Weltbank, formalisiert. Seine Grundprinzipien sind zu jedem historischen Zeitpunkt, in jeder Volkswirtschaft und auf jedem Kontinent anwendbar. Sie zielen auf raschestmögliche Liquidierung jeder staatlichen oder nichtstaatli-

chen Regulierungsinstanz sowie die totale und raschestmögliche Liberalisierung aller Märkte (für Waren, Kapital, Dienstleistungen, Patente usw.)

Der Konsens von Washington bezweckt die Privatisierung der Welt. Er beruht auf folgenden Grundsätzen:
„Absenkung der steuerlichen Belastung der höchsten Einkommen, um die Reichen zu produktiven Investitionen anzuregen; und Ausweitung der Zahl der Steuerpflichtigen; im Klartext: Abschaffung von steuerlichen Begünstigungen für die Ärmsten im Interesse einer Erhöhung des Steueraufkommens" – „Möglichst rasche und vollständige Liberalisierung der Finanzmärkte" – „Garantierte Gleichberechtigung von inländischen und ausländischen Investoren" – „Möglichst weit gehende Zerschlagung des öffentlichen Sektors und Privatisierung aller Unternehmen, die im Besitz des Staates oder eines halbstaatlichen Gebildes sind" – „Weitestgehende Deregulierung der Volkswirtschaft des betreffenden Landes, um das freie Spiel der Konkurrenz unter den verschiedenen wirtschaftlichen Kräften zu garantieren" – „Schnellstmögliche Liberalisierung der Handelsbeziehungen durch jährliche Senkung der Zolltarife um 10 %" – „Verstärkter Schutz des Privateigentums" – „Staatliche Subventionen an private Wirtschaftssubjekte sind überall abzuschaffen. Staaten der Dritten Welt, die die Preise der gängigsten Nahrungsmittel subventionieren, um sie niedrig zu halten, müssen auf diese Politik verzichten. Bei den Staatsausgaben müssen diejenigen Vorrang haben, die dem Ausbau der Infrastruktur dienen"

Was kann man da machen?

Befragen Sie die Bundeswirtschaftskammer, die Arbeiterkammer, die Gewerkschaft und Politiker zu diesem „Konsens von Washington" und welche Meinung sie hierzu vertreten.

Der Konsens von Washington und seine Realisierung

„Die Wirtschaftskiller sind üppig bezahlte Profis, die in verschiedenen Ländern der Welt Milliarden Dollar ergaunern. Sie dirigieren das Geld der Weltbank, United States Agency for International Development und anderer ‚humanitärer' Organisationen in die Schatullen von Großunternehmen und in die Taschen einiger extrem reicher, einflussreicher Familien, die die natürlichen Ressourcen des Planeten kontrollieren.
Ihre wichtigsten Waffen sind frisierte Finanzberichte, manipulierte Wahlen, Schmiergelder, Erpressung, Sex und Mord. Sie spielen ein Spiel, das so alt ist wie die Welt, das aber in dieser Epoche der Globalisierung erschreckende Ausmaße angenommen hat."

(Zitat aus dem Buch „*Bekenntnisse eines Economic Hit Man – Unterwegs im Dienst der Wirtschaftsmafia*" von John Perkins)

Eigene Anmerkungen:

Die Profitgier der Konzerne 7

„Banken und Fonds treiben auf der Suche nach schnellen Profiten ganze Länder in den Ruin. Ein großer Teil des Geldes, das auf internationalen Finanzmärkten gehandelt wird, dient Spekulationsgeschäften und hat mit der realen Wirtschaft gar nichts mehr zu tun.“ (Zitat aus dem Buch *„Uns gehört die Welt! – Macht und Machenschaften der Multis“* von Klaus Werner-Lobo.)

Unsere Welt wird von multinationalen Konzernen und Multimillionären als Ware betrachtet, mit der man Profite machen kann. Ob bei diesen Geschäften Menschenrechte verletzt werden, Umwelt und Lebensräume zerstört werden, Arbeitsplätze vernichtet oder gar ganze Länder in wirtschaftliche Krisensituationen gestürzt werden, ist für die Ideologie dieser Konzerne weitestgehend nebensächlich. Durch diese Geschäftspraxis der Konzerne fühlen sich immer mehr Menschen durch Arbeitslosigkeit, Umweltzerstörung, Diskriminierung, durch wachsende soziale Unterschiede, globales Elend, Ausbeutung, Krieg und Kinderarbeit bedroht.
Diesen rechtlich als Aktiengesellschaften geführten Konzernen geht es also vornehmlich nicht um eine nachhaltige Wirtschaft, sondern um das Lukrieren schneller Gewinne. Der Grund ist der: Die KapitalanlegerInnen fordern zunehmend eine immer höhere Rendite (d.h. den Gewinn im Vergleich zur Höhe des investierten Kapitals). Deshalb müssen die ManagerInnen von Aktiengesellschaften darauf schauen, in möglichst kurzer Zeit hohe Profite zu erzielen. Ethische Werte zählen im globalisierten Kapitalismus nicht.
Mit ihrer gewaltigen Kapitalmacht können sich die Konzerne jeden Bereich des Lebens aneignen und nehmen dabei auf der Suche nach Profiten keinerlei Rücksicht auf die Bedürfnisse und Nöte der Menschen. Die heutige Globalisierung läuft nicht im Interesse aller Menschen ab, wie der Feststellung der Vizepräsidentin von Attac Frankreich, Susan George, zu entnehmen ist:

„Seit den frühen 1990er-Jahren sind die Unternehmensgewinne um durchschnittlich 108 % gestiegen, der Aktienindex von Standard & Poor ist um 224 % und die pauschale Vergütung von Firmenchefs um satte 481 % angewachsen. Im selben Zeitraum hat sich der durchschnittliche Jahreslohn für Arbeiter aber nur um 28 % verbessert und lag damit knapp über dem Inflationsausgleich."

Eine Tatsache kann demnach nicht bestritten werden: Die Globalisierung hat viele reich, doch die Mehrheit der Weltbevölkerung noch ärmer gemacht.

In seinem Buch *„Uns gehört die Welt! – Macht und Machenschaften der Multis"* beschreibt der Autor die Zusammenhänge zwischen internationaler Wirtschaftspolitik und unserem Alltag. Er ist aber auch überzeugt davon, dass gegen die Macht der Multis vor allem Selbstvertrauen, Information, solidarisches Handeln und Zivilcourage wirken kann. Er schreibt: *„Das Buch wird euch nicht nur wütend machen: Es macht Lust, sich gegen globale Ausbeutung, Diskriminierung und Konsumterror zur Wehr zu setzen. Das ist unsere Welt, wir lassen uns nicht verkaufen! Und schon gar nicht lassen wir uns für dumm verkaufen!"*

Was kann man da machen?

Lesen Sie dieses Buch! Sie werden fassungslos sein! Die knallharten Fakten sprechen eine deutliche Sprache. Manche Produkte werden Sie am liebsten nicht mehr kaufen wollen. Sie werden viele Artikel dieser Megakonzerne mit anderen Augen sehen. Sie werden sich fragen, warum wird gegen diese himmelschreienden Missstände so wenig unternommen? Sind denn die Politiker nur Spielbälle der großen Konzerne?

Das genannte Buch wird durch die Website www.unsdiewelt.com begleitet, die als Vernetzungsplattform dient und Initiativen sowie Aktionsmöglichkeiten gegen die Dominanz der Multis aufzeigt. Sollten Sie unschlüssig sein, ob Sie Ihre Stimme gegen die zunehmende Vorherrschaft der Weltkonzerne erheben sollen, dann lesen Sie auch den Bestseller *„Das neue Schwarzbuch Markenfirmen"*. Sie werden dann aktiv werden!

Wir erleiden die entsetzlichste Offensive,

die sich noch vor 10 Jahren
niemand hätte vorstellen können.
Kein Nationalstaat,
keine übernationale Organisation,
keine demokratische Bewegung
widersteht dieser Offensive.

Die Herren des wirtschaftlichen Krieges
plündern den Planeten.
Sie greifen die Staaten
und deren normative Macht an,
sie zerstören die Souveränität des Volkes,
sie untergraben die Demokratie,
sie verheeren die Natur
und vernichten die Menschen
und deren Freiheiten.
Sie bestreiten radikal das Menschenrecht
auf das Streben nach Glück.

Jean Ziegler in seinem Buch
„Das Imperium der Schande"

Eigene Anmerkungen:

Das „Shareholder Value“ Prinzip 8

Der im Wirtschaftsleben gerne zitierte Begriff *Shareholer Value* besagt Folgendes: Die Unternehmensleitung hat im Sinne der Anteilseigner zu handeln. Das Ziel ist die Maximierung des langfristigen Unternehmenswertes durch Gewinnmaximierung und Erhöhung der Eigenkapitalrendite. Diese Fokussierung auf den Unternehmenswert wird jedoch in der Zwischenzeit von Kritikern abgelehnt. Mit der Begründung, dass die Eigenkapitalgeber eines Unternehmens nicht die einzige Anspruchsgruppe eines Unternehmens sein dürfen. Bei unternehmerischen Entscheidungen sollten auch potenzielle Auswirkungen auf Mitarbeiter, Kunden, Öffentlichkeit und die Umwelt berücksichtigt werden. So vertritt der Wirtschaftsethiker Peter Ulrich die These, dass der Shareholder-Value-Ansatz „unternehmensethisch nicht vertretbar“ und als Grundlage einer Unternehmensphilosophie ungeeignet sei. Es gelte, „die legitimen Ansprüche aller Stakeholder (Anm.: Das sind natürliche oder juristische Personen, die ein Interesse am Verlauf oder Ergebnis eines Prozesses oder Projektes haben) in fairer, ausgewogener Weise zu berücksichtigen“, also neben den Aktionären auch „die Mitarbeiter, die Lieferanten, Kunden sowie das gesamte gesellschaftliche Umfeld.“ (Aus Wikipedia, der freien Enzyklopädie zum Thema Shareholder Value.)

Die Shareholder-Value-Doktrin gilt vor allem auch in der Bankbranche. Es haben sich in den letzten Jahrzehnten Bankensysteme etabliert, die sich offensichtlich keinen gesamtwirtschaftlichen und gesellschaftlichen Zielen mehr verpflichtet fühlen. Es sind jene gefräßigen Ungeheuer, deren Daseinszweck vor allem in einer rücksichtslosen Gewinnmaximierung zugunsten ihrer Anteilseigner und deren Handlanger in der Finanzindustrie besteht. Demnach ist vorrangiges Ziel des Managements, den Wert des Unternehmens (und damit der Aktien) zu steigern und eine hohe Dividende auszuzahlen. Der Aktionär (Shareholder) steht im Mittelpunkt und dem muss sich alles andere

unterordnen – auch die Arbeitsplätze, welche nur Mittel zum Zweck des Profits geworden sind.
Das klassische Geschäft der Banken – sie bekommen das Geld von Sparern gegen Zinsen und verleihen es an Unternehmen und Privatpersonen zu höheren Zinsen – zählt mit der Shareholder-Value-Regel bei gewissen Banken immer weniger. Dieses „normale“ Kreditgeschäft, das keine schnellen Renditen bringt, wird vielfach als zu mühsam und zeitaufwändig abgetan. Wer Renditen von 20 % oder mehr anstrebt, kommt mit dem klassischen Bankgeschäft nicht aus. Er muss sich der Währungsspekulation zuwenden, um das schnelle Geld zu machen. So werden Einlagen in hochspekulative Derivate investiert. „Finanzielle Massenvernichtungswaffen“ nannte diese schon 2002 die Investment-Legende Warren Buffet.
Mit ihrer aus dem Aktienrecht abgeleiteten Shareholder-Value-Philosophie sind vor allem die großen Banken abgerückt von ihrem ursprünglichen Gründungsauftrag, der vornehmlich eine dienende und nicht „verdienende“ Bestimmung hatte. Die vormalige Devise *„Der Kunde ist König“* hat sich offensichtlich in *„Der Aktionär ist König“* verändert. Und in Abwandlung eines bekannten Werbeslogans könnte es heißen *„In jeder Beziehung zählen die Aktionäre“*.

An dieser Stelle sei allerdings auch eine Lanze für die vielen kleinen und mittleren Banken und Sparkassen, die sich nach wie vor den Prinzipien des ursprünglichen Gründungsauftrages verpflichtet fühlen, gebrochen. Die MitarbeiterInnen dieser Institute bemühen sich redlich, dass bei ihrer Tätigkeit neben der rein monetären Beratung auch die menschliche Komponente zum Zug kommen kann.

Was kann man da machen?

Es liegt an den Kunden – im eigenen Interesse – von den Banken und Sparkassen eine Rückbesinnung auf ihre monetären und gesellschaftlichen Verpflichtungen zum Wohle aller Bürgerinnen und Bürger nachdrücklich einzufordern.
Mit einem Wort: *Mehr Finanzethik!*

Die aktuelle Krise ist eben nicht nur das Werk unkontrollierter Spekulanten und geldgieriger Investmentbanker ...

... die durch eine bessere Regulierung wieder auf den Pfad der Tugend zurückzuführen wären. Der endlose Finanzschaum speist sich aus Reservoirs, die sehr viel tiefer liegen. Er quillt aus den Lebensadern eines Wirtschafts - systems, das nur produziert und investiert, wenn die Rendite für die Kapitalgeber stimmt, und für das daher Löhne, Sozialabgaben oder auch Unternehmenssteuern nichts als lästige Kostenfaktoren sind, deren man sich nach Möglichkeit zu entledigen hat. In dieser Fixierung auf Profit statt Bedarf liegt die letzte Ursache aller Ungleichgewichte, Instabilitäten und Krisen, die selbst ein besser regulierter Kapitalismus immer wieder erzeugen wird, von einem ungezügelten und enthemmten nicht zu reden.

(Aus dem Buch „*Wahnsinn mit Methode – Finanzcrash und Weltwirtschaft*“ von Sahra Wagenknecht).

Eigene Anmerkungen:

Todsünde Habgier

9

„Mach Geld zu deinem Gott
und er wird dich plagen wie der Teufel."
(Henry Fielding)

Die am häufigsten praktizierte Todsünde ist die Habgier. Sie ist von allen 7 Todsünden die verwerflichste, da sie nämlich viele der anderen impliziert. Den meisten ist gar nicht bewusst, dass sie durch ihr Verhalten nicht nur andere Mitmenschen schädigen, sondern letztendlich sich selber nichts Gutes tun. Habgier ist das übersteigerte, rücksichtslose Streben nach materiellem Besitz, unabhängig von dessen Nutzen. Die Habgier wird in vielen Kulturen und allen Religionen als amoralisch verurteilt und zieht auch in Sagen, Märchen und Religionen Strafen nach sich. In der Bibel wird an vielen Stellen die Habgier als sündhaftes Verhalten angeprangert. Beispiele hierfür:
Mt 6,24: „Niemand kann zwei Herren dienen: Entweder wird er den einen hassen und den anderen lieben, oder er wird dem einen anhangen und den anderen hintansetzen. Ihr könnt nicht zugleich Gott dienen und dem Mammon."
Lk 12,15: „Hütet euch ja vor aller Habsucht. Wenn einer auch Überfluss hat, so ist sein Leben doch niemals durch seinen Besitz gesichert."
1 Tim 6,10: „Die Gier nach Geld ist die Wurzel alles Bösen."
Hebr 13,5: „Haltet euch in euren Sinnen frei von Habgier. Begnügt euch mit dem, was euch verfügbar ist. Gott selbst hat gesagt: Niemals will ich dir meine Hilfe versagen, noch dich verlassen."
2 Petr 2,3: „Von Gewinnsucht getrieben, werden sie mit ihren selbstersonnenen Worten bei euch ein Geschäft zu machen versuchen. Das Gericht aber ist für sie schon längst bereit, und ihr Verderben schlummert nicht."

Unsere globale und so folgenschwere Finanz- und Wirtschaftskrise ist ausschließlich der Habgier zuzuschreiben.
Die schon jahrelang praktizierten Betrügereien und Manipulationen

an den Weltbörsen und die zunehmenden Gewalttätigkeiten auf der ganzen Welt sind direkt mit der Habgier von korrupten Regierungspolitikern, mit unfähigen und verantwortungslosen Aufsichtsratsvorsitzenden, mit gewinnsüchtigen Spekulanten und mit den neoliberalen Chefs in der Hochfinanz verknüpft. All denen geht es nicht um das Wohl ihrer Unternehmen, nicht um das Heer der Arbeitslosen, nicht um die hungernden Völker, nicht um ein friedliches Nebeneinander, nicht um Gerechtigkeit, sondern es geht denen nur um die eigene Macht- und Geldfülle.

„An den Wurzeln der derzeitigen Wirtschaftskrise steckt die menschliche Habgier", sagte Papst Benedikt XVI. anlässlich einer Generalaudienz auf dem Petersplatz.
Diese von nicht überbietbarer Gier besessenen Menschen sollten aber bedenken, dass die eindeutigen und klaren Bibelworte ihnen gelten und jederzeit eingefordert werden können. Denn ein Weltwirtschaftssystem, das so ungerecht, so unausgewogen und so entzweiend ist, wird nicht lange überdauern. Die Mächte, die die Wirtschaft und Politik dieser Welt heute kontrollieren, täuschen sich, wenn sie glauben, dass sie ihre korrupte Habgier-Politik weiterhin betreiben können, und dabei 95 % der Erdbevölkerung dieses untätig hinnehmen. Früher oder später wird es einen großen Crash geben, der dieses inhumane System mit ihren Handlangern hinwegfegen wird.

Was kann man da machen?

Erwarten Sie nicht, dass unsere Politiker die längst fällige Systemänderung einfordern werden. Ihnen sind durch die neoliberale Weltherrschaft des Kapitals die Hände gebunden. Allerdings die Kirchen bzw. Religionen als moralische Institutionen hätten die Verpflichtung, gegen dieses sündhafte Ausbeutertum aufzustehen und eine „Mobilmachung" der Basis gegen dieses zerstörerische System an Mensch und Natur einzufordern.

Der gierige Mensch

Der gierige Mensch – er kriagt nia net gnua:
Er schaufelt und schaufelt – er schaufelt seh zua.

Er siacht sih nur selm, er siacht nur sei Hab.
Er schaufelt und schaufelt – er schaufelt sei Grab.

Der gierige Mensch vergunnt sih ka Rast.
Er rackert und hetzt sih – sei Freid is sei Last.

Er siacht sih nur selm, er siacht nur sei Hab.
Er schaufelt und schaufelt – er schaufelt sei Grab.

Der gierige Mensch lasst sunst neamt a Freid.
Er kann des net sehgn – es packt eahm der Neid.

Er siacht seh nur selm, er siacht nur sei Hab.
Er schaufelt und schaufelt – er schaufelt sei Grab.

Der gierige Mensch kann mit Humor nimmer lachn.
Es zöhlt net der Geist – es zöhln nur de Sachn.

Er siacht sih nur selm, er siacht nur sei Hab.
Er schaufelt und schaufelt – er schaufelt sei Grab.

Der gierige Mensch kann min Herzn net woana.
Des is lengst nimmer woach – es is hart als wia Stoana.

Er schaufelt und schaufelt, er schaufelt sih zua:
Erst untn im Grab — dort gibt er a Ruah!

Johannes Zittmayr

Eigene Anmerkungen:

Die Bestverdiener und die Superreichen 10

„Wie reich ist eigentlich superreich?" Diese Frage stellt und beantwortet der deutsche Soziologie-Professor Dr. H. J. Krysmanski in seinem Buch „*Hirten & Wölfe. Wie Geld- und Machteliten sich die Welt aneignen*". So versucht er zu veranschaulichen, was es bedeutet, ein Milliardär zu sein:

„Die Allerwenigsten auf diesem Planeten haben ein Vermögen von auch nur 1 Tsd. Dollar, ein Banknotenbündel von etwa 1 cm Höhe. Mit 100 Tsd. Dollar, etwa 1 m, gehört man schon – im weltweiten Vergleich – zu den Wohlhabenden und mit 180 Tsd. Dollar, also Mannshöhe, zu den Reichen. Das Vermögen eines einfachen Millionärs – 1 Mill. Dollar – entspricht dann 10 m (...) 10 Mill. Dollar ergäben schon 100 m, also ein Hochhaus mit 30 Stockwerken (...) Man sollte wissen: Zu den gewöhnlichen Multimillionären gehören heute z. B. schon die Eliten aus Politik, Wissenschaft, aus den freien Berufen, aus dem Showgeschäft und dem Sport. Die stehen nun auf dem Dach ihres 30-stöckigen Kleinwolkenkratzers und blicken hinauf, wie der ‚richtige' Multimillionär mit seinem Privatflugzeug in 1 km Höhe (denn das entspricht 100 Mill. Dollar) über die Stadt fliegt. Oberhalb der Vermögen von 100 Mill. Dollar geht die Welt der Reichen allmählich in die Welt der Superreichen über (...) Der einfache Milliardär fliegt in seinem Businessjet in einer Höhe von 10 km (...) Mit 3 Mrd. Dollar Vermögen – 30 km – fliegt man im übrigen bereits in der Stratosphäre, bei 10 Mrd. – 100 km – verlässt man die irdische Lufthülle und mit 50 Mrd. des Bill Gates – 500 km – befindet man sich bereits im Weltraum.
Und da sage mir einer, dass Milliardäre nicht in Versuchung sind, sich dieses Planeten als Ganzem anzunehmen, ‚planetarisch' zu denken – und dass sie nicht die Mittel dafür haben ...“

Wer sind nun diese Superreichen in unserer Welt?
Immer wieder fällt der Name Bill Gates, der Begründer von Microsoft. Er führte 14 Jahre lang die Rangliste der reichsten Menschen der Welt mit einem Vermögen von 57 Mia. Dollar an; es gibt aber in der Zwischenzeit noch reichere. Den ersten Rang der Superreichen hält der Telekom-Magnat Carlos Slim Helu, Mexiko, mit einem Vermögen von

74 Mia. Dollar. Der Dritte in der Weltrangliste ist der Investor Warren Buffet, USA, mit mehr als 50 Mia. Dollar. Einen regelrechten Milliardärsboom gibt es in der Zwischenzeit in China, Brasilien und Russland.

Was machen diese Milliardäre mit ihrem unvorstellbar großen Vermögen? Es gibt, gottlob, Milliardäre, die die Allgemeinheit an ihrem Reichtum teilhaben lassen. Zum Beispiel der Microsoft-Gründer Bill Gates: Er widmet seit Jahren seine ganze Arbeitskraft einer von ihm gegründeten Wohltätigkeitsstiftung. An dieser Stiftung beteiligt sich mit riesigen Summen auch der US-Milliardär Warren Buffet.

Eines ist klar: Die Finanz- und Wirtschaftspolitik von heute führt zu einer Vermögensumverteilung. Unternehmer und Verbraucher pumpen durch ihre Zinszahlungen immer mehr Geld auf die Konten derer, die ohnehin Geld im Überfluss besitzen. Die klassische Umverteilung von unten nach oben.

In der heutigen Zeit, in der die meisten Menschen die Auswirkungen der globalen Finanzkrise, der Wirtschaftskrisen und der Verschuldungskrise immer mehr zu spüren bekommen, gibt es zudem eine Minderheit, die es versteht, auch in solchen Zeiten Kapital für sich herauszuschlagen. Den Beweis hierfür liefert der österreichische Rechnungshofbericht für das Jahr 2010: Während sich die Politik in den vergangenen Jahren Nulllohnrunden verordnet hat, haben sich die Manager staatlicher und staatsnaher Unternehmungen ihre Bezüge kräftig erhöhen lassen (bis zum Dreifachen des Bundeskanzler-Einkommens). Angesichts dieses Vorgehens ist man geneigt, die untaugliche Redewendung „*Geht es der Wirtschaft gut, geht es allen gut*" wie folgt zu verkürzen: „*Geht es den Wirtschaftskapitänen gut, …*"

Was kann man da machen?

Verlangen Sie (als de facto zahlender Staatsbürger) von den hochbezahlten Topmanagern der Staatsbetriebe Aufklärung darüber, welche außergewöhnlichen Leistungen ihre astronomisch hohen Gagen rechtfertigen. Fragen Sie auch: Wer verhandelt diese Supergagen eigentlich auf der Gegenseite aus?

Reicher Mann
und armer Mann,
standen da
und schau'n sich an.
Und der Arme
sagte bleich:
Wär ich nicht arm,
wärst du nicht reich.

(Berthold Brecht)

Eigene Anmerkungen:

Das schwere Los der Arbeitslosen 11

Wer sind die wahren Verursacher der Arbeitslosigkeit? Das sind Konzernchefs, welche dem Druck des Aktienkapitals nach Renditesteigerung nachkommen müssen; das sind jene gierigen Spekulanten, die riesige Summen verzocken und Unternehmen in den Ruin treiben; das sind die maßlosen Gewinnmaximierer, die Produktionen in Billiglohnländer auslagern und ihre Betriebsstätten bei uns schließen; das sind jene, denen gewerkschaftliche Proteste völlig egal sind und die Menschen der staatlichen Wohlfahrt überlassen.
Wissen diese Menschen auch, welche Schicksale und Existenzen sie mit ihren Handlungen zerstören? Haben sie keine Skrupel mit ansehen zu müssen, welches Leid und welche Verzweiflung sie durch ihr Tun verursachen? Glauben diese Manager und Verantwortungsträger tatsächlich, dass der Lebensinhalt nur im Streben nach noch mehr Geld und Gewinn besteht?
Es soll hier natürlich keine Pauschalverurteilung betrieben werden. Viele Arbeitgeber haben angesichts der wirtschaftlichen Verflechtungen gar keine andere Wahl, als Personal zu reduzieren, wenn Aufträge zurückgehen und die Ursachen eben in den vom Kapital ausgelösten Wirtschaftseinbrüchen liegen.

Das Schlimmste an der vornehmlich vom Spekulationskapital verursachten Wirtschaftskrise ist die dramatische Zunahme der Jugendarbeitslosigkeit. Schon Schülerinnen und Schüler fühlen sich heute vom Problem der Arbeitslosigkeit bedroht. Jungsein ist heute nicht mehr die unbeschwerte Zeit des Lernens, spielerischen Ausprobierens und der allmählichen Vorbereitung auf einen Beruf. Die meisten, die nach der Schulausbildung in das Arbeitsleben wechseln möchten, werden mit mannigfachen Hürden und vielen Enttäuschungen konfrontiert, wenn sie auf unzählige Bewerbungen nichts als Absagen bekommen. Es ist nicht verwunderlich, wenn immer mehr Jugendliche das Vertrauen in die soziale und menschliche Gesellschaft verlieren.

Arbeitslosigkeit oder ein prekäres Arbeitsverhältnis bedeutet für junge Menschen auch begrenzte Teilnahme am gesellschaftlichen Leben. Es ist geradezu ein Verbrechen an unseren Nachkommen, dass die überbordende materielle Habgier in der Welt einen derartigen Schaden in psychischer, physischer und materieller Hinsicht an den jungen Menschen anrichtet.

Erwarten wir nicht, dass die Politiker die Geißel der Arbeitslosigkeit beenden können. Zu sehr hat der auf Gewinnmaximierung ausgerichtete unmoralische Raubtier-Kapitalismus die für ihn notwendigen Werkzeuge im Griff und er sieht den Arbeitsfaktor Mensch nur als notwendiges Übel.
Auch die Kirche konnte trotz einschlägiger Enzykliken gegen die fortschreitende menschliche Ausbeutung bzw. Verweigerung zur Bereitstellung einer Arbeitsmöglichkeit bislang nichts ausrichten. Die Anbeter des Mammons ignorieren auch nach Belieben die UN-Menschenrechtscharta mit dem darin verbrieften Recht auf Arbeit für jeden Menschen. Wahrscheinlich kann nur eine grundlegende Systemänderung, eine globale Abkehr vom ausbeuterischen neoliberalistischen Finanz-Kapitalismus, bewirken, dass wieder der Mensch als Geschöpf Gottes im Mittelpunkt steht und nicht mehr die Maxime der Kapitalvermehrung. Diese unausweichliche Systemänderung soll bewirken, dass andere, bisher zu wenig genutzte Ressourcen entdeckt werden: Die verschiedenartigen Talente, die in jedem Menschen schlummern und sogar in der Bibel aufgezählt sind, sollten bewusst geweckt werden und müssten auch als „Arbeitsleistung" anerkannt und honoriert werden. Das hat auch zur Folge, dass manche traditionelle Berufsbilder einen niedrigeren Stellenwert bekommen.

Was kann man da machen?

Ganz gleich, ob Sie nun berufstätig sind oder nicht: Was würden Sie am liebsten tun? Welche unentdeckten Talente stecken noch in Ihnen? Über das System der Tauschkreise und der damit verbundenen Honorierung durch „Talente"-Verrechungseinheiten können Sie daraus zusätzliches Kapital schlagen.

„Lange dachte man,
Freizeit und Spaß machten glücklich.
Heute weiß man,
dass viel eher Verantwortung
und das Meistern von Problemen
uns nachhaltig mit Glück erfüllt.
Als wichtigste wirtschaftliche Einflussgröße
auf das Glück erweist sich die Arbeit.
Wer entlassen wird,
erleidet einen starken Rückgang
der Lebenszufriedenheit,
auch wenn das Einkommen gleich bliebe.
Das Unglück kommt vom Gefühl,
nutzlos zu sein
und von der Gesellschaft
nicht mehr geschätzt zu werden."

(Bruno Frey)

Der Schweizer Ökonom und Lehrbeauftragte an der Universität Zürich beschäftigt sich schon lange mit dem Thema Ökologie und Glück. Aus seinen Untersuchungen geht hervor, dass es einen unmittelbaren Zusammenhang zwischen Arbeit und Glück gibt. Arbeit ist der bestimmende Faktor unserer persönlichen Identifikation und ist ein unverzichtbarer Teil unserer Zufriedenheit. Arbeit ist also kein „Los", sondern wir haben ein Recht auf gute Arbeit, denn Arbeit ist mehr als nur Geld zu verdienen. Das Recht auf Arbeit und gleichen Lohn ist im Artikel 23 des UNO-Menschenrechtsabkommens von 1948 verankert.

Eigene Anmerkungen:

12 Das Schreckgespenst Hyper-Deflation

Eines sei gleich vorweggenommen: Ohne unser herrschendes Geldsystem, welches auf Zins und Zinseszins aufgebaut ist, gäbe es weder eine Deflation noch eine Inflation. Warum? Wenn nämlich das Geld nur als Tauschmittel, welches den Wert der gehandelten Waren und Dienstleistungen verkörpert, fungiert, können keine deflationären und inflationären Schwankungen entstehen. Voraussetzung hierfür ist allerdings, dass das Tauschmittel Geld für ein reibungsloses Funktionieren des Wirtschaftskreislaufes in einem wertmäßig dem Waren- und Dienstleistungsangebot angepassten Ausmaß im Markt bleibt. Wenn dieses System bzw. Grundprinzip massiv gestört wird, dann kommt es zu deflationären (zu wenig Geld am Markt) bzw. zu inflationären (zu viel Geld am Markt) Erscheinungen.

Dieses an und für sich einfache Prinzip kann nun deshalb nicht funktionieren, weil dem Tauschmittel Geld mit dem Zins eine sehr verlockende Zusatzfunktion eingeräumt wurde: Wer Geld hat, kann selber entscheiden, ob er damit etwas kauft oder es dem Wirtschaftskreislauf entzieht und es zur Bank bringt, um dafür Zinsen zu kassieren bzw. es in Aktien und sonstige Titel anlegt, um dafür Gewinne zu lukrieren – vor allem auch mit monetären Spekulationsgeschäften. Erreicht diese sich immer mehr aufblähende Spekulationsblase ein kritisches Volumen, dann wird sie platzen und ein deflationärer „Teufelskreislauf" wird ausgelöst.

Deflation ist der genau umgekehrte Zustand von Inflation und es wirken entgegengesetzte Kräfte wie bei einer Inflationierung der Vermögenswerte. Schuldner werden benachteiligt, da ihre über Kredite finanzierten Sachgüter einerseits an Wert verlieren, andererseits aber die Schulden im anfangs festgesetzten Wert gleich bleiben. Es profitieren die Gläubiger, da ihre Forderungen nunmehr einen höheren Wert haben als vor dem Ausleihen des Geldes. Deflationsphasen sind nur für die Reichen die richtige Zeit, um noch reicher zu werden: Wenn allen anderen das Geld ausgeht, können sie am billigsten einkaufen: Häuser,

Land, Firmen, Aktien, Kunstwerke, Luxusgüter … Deflation ist für die Superreichen ebenso vorteilhaft wie die Hyper-Inflation: Sie entscheiden, welches Sachvermögen sie zu welchem Preis kaufen.

Wie wirkt sich nun eine (Hyper)-Deflation gesamtwirtschaftlich aus? Die Geldversorgung des Marktes ist massiv gestört – die in Umlauf befindliche Geldmenge geht zurück – Kaufzurückhaltung in Erwartung weiterer Preissenkungen – zu großes Warenangebot, aber zu wenig Nachfrage – Preise werden nach unten gedrückt – Produzenten und Verkäufer locken mit Sonderangeboten und Rabattschlachten – sinkende Einkommen und Produktionsgewinne – Lohnkürzungen und Entlassungen – Abbau von Arbeitsplätzen – Massenarbeitslosigkeit – Verlagerung von Produktionsstätten in Billiglohnländer – Firmenschließungen und Unternehmenszusammenbrüche wegen Produktionsrückgang – Vernichtung uneinbringlicher Geldforderungen – Bankenzusammenbrüche und staatliche Rettungspakete für insolvente Banken – mangelnde Kreditversorgung der Wirtschaft durch die Banken – Rückgang der Steuereinnahmen – steigende Staatsverschuldung – leere Staatskassen – drastische Sparprogramme zu Lasten der Bevölkerung.

Was kann man da machen?

Deflationen und Inflationen sind keine Naturgesetze. Sie haben ihre Ursache in der massiv gestörten Geldversorgung des Marktes infolge von großvolumigen Spekulationsgeschäften. Die Zeche nach dem Zusammenbruch der Spekulationsblasen mussten bisher immer die „Normal"-Bürger bezahlen. So ist es von den Politikern offensichtlich auch geplant. Wehren Sie sich mit konzertierten Aktionen über Internet-Plattformen und sonstigen Missfallenskundgebungen. Verlangen Sie die sofortige Abkehr von unserem menschenverachtenden, unmoralischen und Habgier fördernden neoliberal-kapitalistischen Geldsystem.

Deflation

lähmt die Lust zu investieren.

Sie ist die große Zeit der Zinsenfresser –
der Wucherer, bei denen die Uhr fortwährend
„Zin-sen, Zin-sen" tickt.
Und dann steigt eines Tages
die Arbeitslosigkeit so stark,
dass der Staat eingreifen muss.
Und schon haben wir den
Staatskapitalismus oder den Marxismus.
Deflation, nein danke!
Dann lieber ein bisserl Inflation.

Andre Kostolany
ungarisch-amerikanischer Finanzexperte (1906-1999)

Eigene Anmerkungen:

Von Bretton Woods ins Casino 13

Noch vor Ende des Zweiten Weltkrieges kamen Vertreter aus 44 alliierten Staaten zu einer Konferenz nach Bretton Woods, einem Badeort im US-Bundesstaat New Hampshire, um dort ein neues Währungssystem zu beraten und festzulegen. Ziel war eine umfassende Neuordnung der Weltwirtschaft nach dem Krieg. Auf Betreiben der Amerikaner wurde beschlossen, den Dollar zu einer goldhinterlegten Leitwährung mit stabilen Wechselkursen zu machen, sodass der Welthandel ohne Probleme und Handelsbarrieren funktionieren konnte. Eine Unze Gold wurde mit dem Wert von 35 US-Dollar fixiert und die amerikanische Notenbank Fed war verpflichtet, jederzeit Dollars gegen Gold einzutauschen. Da somit die Währungen der Mitgliedsländer zu einem festen Kurs in Dollar und auch umgekehrt tauschbar waren, waren alle anderen Währungen indirekt ebenfalls in Gold gedeckt. Ein wesentliches Kriterium dieses verbindlichen Übereinkommens war, dass Geld nicht einfach ohne Golddeckung gedruckt werden konnte, weil ja die Verpflichtung bestand, wertmäßig ebensoviel Gold einzulagern als Geld in Umlauf gebracht wurde. Für das durch die Kriegsereignisse darniederliegende Europa war das Bretton-Woods-Abkommen ein Segen: Es brachte in den 1950er- und 1960er-Jahren das große „Wirtschaftswunder".

Es blieb jedoch nicht bei dieser Regelung, weil der Goldzuwachs nicht Schritt halten konnte mit dem zunehmenden Geldbedarf. Amerika brauchte nämlich immer mehr Geld, um den Vietnam- und Koreakrieg zu finanzieren. Die amerikanische Notenbank Fed druckte daher einfach ohne Golddeckung gigantische Mengen an Banknoten und es kam zu einer riesigen Dollarschwemme. Die Folge war, dass ein regelrechter Run auf das in den USA befindliche Tauschmittel Gold einsetzte. Immer mehr europäische Länder beabsichtigten, ihre Devisenreserven in Gold umzuwechseln. Als beispielsweise Frankreich 1969 seine Dollarreserven in Gold einlösen wollte, war das nicht mehr möglich, da die USA faktisch zahlungsunfähig geworden war. Deshalb lösten die USA 1971 das Problem dergestalt, dass Präsident Nixon die Aufhebung

der Dollarkonvertibilität zum Gold bekannt gab. 1973 brach das Bretton-Woods-System mit dem Dollar-Gold-Standard endgültig zusammen. Da somit die Verpflichtung, eine der jeweiligen am Markt befindlichen Geldmenge eine adäquate Goldmenge einzulagern, nicht mehr bestand, konnten die Notenbanken Geld in einer Größenordnung schöpfen, wie sie es für richtig hielten. Man bezeichnet dieses nunmehr nicht oder nur mehr teilweise durch reale Vermögenswerte gedeckte Geld als „Fiat-money". Das Ende des bewährten und sinnvollen Bretton-Woods-Systems wird als Anfang des Zeitalters der zunehmend liberalisierten Finanzmärkte gemäß dem „Consens von Washington" gesehen. Seither schwanken die meisten Währungen frei, die Wechselkurse werden auf den Währungsmärkten gebildet, Kontrolleinrichtungen für den Verkehr von Kapital wurden sukzessive beseitigt und freier Kapitalverkehr durchgesetzt. Mit dieser Neuregelung ist der de facto regierenden Hochfinanz ein wesentlicher Etappensieg in der völligen Liberalisierung aller Märkte gelungen. Es treten neue Akteure, die so genannten „institutionellen Anleger", auf den Plan. Diese, wie z. B. die Hedgefonds, haben nur ein Ziel: Durch kurzfristige Spekulationen möglichst hohe Gewinne zu lukrieren. Langfristige Finanzierungen für Investitionen in Unternehmungen sind für die globalen Spekulanten uninteressant.
Bemerkenswert und symptomatisch ist hierbei, dass die Akteure in dieser neuen Branche fast ausschließlich Männer sind. Ihre Werte sind Habgier, Gewinnmaximierung, Egoismus, Imponiergehabe, Konkurrenzdenken und Rücksichtslosigkeit.

Was kann man da machen?

Es gibt mehr Frauen als Männer auf der Erde. Aber nur eine kleine Minderheit von Männern beherrscht die Welt: mit Waffen der Macht, mit Waffen der Gewalt, mit Waffen des Kapitals.
Den Frauen werden mit Recht grundsätzlich mehr ethische Werte zugeschrieben. Diese Attribute sollten die Frauen verstärkt als ihre „Waffen" einsetzen.

„Es ist Zeit für ein neues Bretton Woods“

erklärte der US-amerikanische Aktivist und Wirtschafts - wissenschaftler Lyndon LaRouche, ein scharfer Kritiker des gegenwärtigen Weltwirtschaftssystems, anlässlich eines Vortrages in Washington bereits am 18. März 1998.

Er stellte folgendes Konzept vor:

- Alle Nationen müssen die globale und systembedrohende Natur der Krise anerkennen, die ihren Ursprung in der 1971 erfolgten Abkehr vom Bretton-Woods-Abkommen hat. Es ist unbestrittene Tatsache, dass die Ära der Globalisierung in Kollision mit der wirtschaftlichen Realität geraten ist.
- Das derzeitige tödlich erkrankte Weltwährungs- und Finanzsystem muss einer radikalen Reorganisation unterzogen werden. Es muss ein „Konkursverfahren“ unter Aufsicht souveräner Regierungen durchlaufen.
- Das angemessene Vorbild eines reorganisierten internationalen Währungs- und Finanzsystems ist das alte Bretton-Woods-System.
- Von Zeit zu Zeit sind fixe Wechselkurse der Landeswährungen neu festzulegen.
- Die Autoritäten der souveränen Nationalstaaten müssen strikte Kapital- und Währungskontrollen einführen.
- Eine erforderliche Maßnahme wäre auch, eine begrenzte Konvertibiliät festzulegen.
- Rückkehr zu Geist und Methoden eines Protektionismus, wie er erfolgreich während der Bretton-Woods-Zeit praktiziert wurde.
- Die Schaffung von Märkten, die der Spekulation gegen bestimmte Währungen dienen, sind zu verbieten.

Eigene Anmerkungen:

Fiat Money – Es werde Geld! 14

In Anlehnung an die Worte des Schöpfergottes „*Fiat Lux – Es werde Licht!*" wurde von der Finanzwelt der Begriff „*Fiat Money – Es werde Geld!*" geschaffen. Man sollte doch meinen, dass es nur Gott vorbehalten ist, aus dem Nichts Neues („ex nihilo") schaffen.
Das Prinzip unseres Geldsystems gründet im Wesentlichen auf zwei Säulen: Es ist zum einen der Zins, der ein exponentielles Wachstum der Schulden und damit auch der Forderungen mit sich bringt. Ein Beispiel soll dies verdeutlichen: Bei einem angenommenen Zinssatz von 5% p.a. verdoppelt sich durch den Zinseszinseffekt etwa alle 15 Jahre das Kapital. Das heißt also, dass aus 100 Euro in knapp 15 Jahren 200 Euro werden, die sich in den nächsten 15 Jahren wiederum verdoppeln. In den jeweils nächsten 15 Jahren werden es dann 800, 1.600, 3.200, 6.400, 12.800, 25.600, 51.200, 102.400 Euro u.s.w. Keine Realwirtschaft kann in ihrem Wachstum mit dieser durch den Zinseszins erfolgten Geldvermehrung mithalten. Die Folge ist, dass ein immer größerer Teil des Sozialprodukts durch die exponentiell wachsenden Schulden und durch die Ansprüche der Geldvermögenden aufgefressen wird.

Die zweite Säule unseres Geldsystems ist die Geldschöpfung, die, so glauben wahrscheinlich die meisten Menschen, ein Privileg der Notenbanken (Zentralbanken) sei. Das stimmt bei Weitem nicht! Den meisten Menschen ist unbekannt, dass der allergrößte Teil unseres Geldes von privaten Banken „erzeugt" wird und die Zentralbanken nur einen sehr beschränkten Einfluss auf die Geldschöpfung bzw. Geldmenge haben. Formal dürften ja die Banken gar keine gesetzlichen Zahlungsmittel erzeugen, aber bei der Kreditgewährung räumen sie dem Kreditnehmer einen Anspruch auf Zentralbankgeld in Form von Banknoten ein. So werden 95 % des Geldes von privater Hand geschaffen. Es mutet ja geradezu pervers an: Es nehmen sogar Regierungen Schulden in einem Geld auf, dessen Neuschöpfung sie den Banken selbst genehmigt haben und für das sie Zinsen an Banken und Privatpersonen zahlen müssen.

Unser derzeitiges Finanzsystem kommt in zweifacher Hinsicht vor allem den Banken zugute. Das von ihnen selbst aus dem Nichts erzeugte und durch verzinsliche Kredite in den Wirtschaftskreislauf gebrachte Zahlungsmittel fließt nicht nur als ein an sich wertloses Geld zurück, um dann neuerlich gegen Zinsen verliehen zu werden. Kann nämlich der Schuldner das (im Prinzip wertlose) Geld nicht zurückzahlen, dann holt sich die Bank die als Kreditbesicherung gegebenen realen Vermögenswerte. Die Banken kassieren somit doppelt ab!

Es stellt sich die berechtigte Frage: Wenn private geldschöpfende Institutionen Geld aus dem Nichts schaffen können, warum könnte sich dann der Staat nicht selber über eine eigene Instanz Geld ohne Zinsenlast zufließen lassen? Das Geld käme somit nicht über verzinsliche Kredite in den Wirtschaftskreislauf, sondern auf dem Weg über Staatsausgaben und ohne Zinsen. Wenn man bedenkt, dass der Staat Österreich jährlich alleine an Zinsen derzeit 8 Milliarden Euro an Banken und sonstige Geldgeber zu zahlen hat, dann bekommt diese Grundsatzfrage wohl eine andere Dimension. Modelle einer neuen und zinsenlosen Staatsfinanzierung sind längst ausgearbeitet und liegen in den Schubladen. Die Frage ist nur: Ist die Politik willens und imstande, diesen Paradigmenwechsel zu vollziehen? Regiert überhaupt die Politik? Oder müssen wir resignierend zugeben: „Geld regiert die Welt!"

Was kann man da machen?

Fordern Sie die Abkehr von diesem ungerechten, unsozialen und unmoralischen Geldsystem. Freiwillig werden jedoch die globalen Profiteure das Heft nicht aus der Hand geben. Die Forderung hierzu muss massiv von der Basis kommen. Nutzen Sie die Instrumentarien des Internets. Informieren Sie sich auch bei www.monetative.org.

Geldschöpfung

(oder: „Die wunderbare Geldvermehrung“)

Bernd Senf, Professor für Volkswirtschaftslehre an der FHW Berlin, wurde in einem Interview am 17. Juli 2008 für die Zeitschrift Humanwirtschaft befragt, welche Funktion die Zentralbanken genau haben und wem sie eigentlich gehören. Er sagte:

„Ich fiel aus allen Wolken, als ich erfuhr, dass die einflussreichste Zentralbank der letzten paar hundert Jahre, die Bank von England, als private Zentralbank gegründet wurde. König Wilhelm III. von Oranien hatte ihrem Gründer William Patterson 1694 das Privileg übertragen, Banknoten (Papiergeld) zu schöpfen, die nur zum Teil durch Gold unterlegt und zum größeren Teil aus dem Nichts gezaubert wurden, sie als Kredit in Umlauf zu bringen und dafür Zinsen zu fordern – auch vom König, der durch die Staatsverschuldung und die Zinslasten immer mehr in Abhängigkeit von dieser Bank geriet.

Noch mehr fiel ich aus allen Wolken, als ich erfuhr, dass die im 20. Jh. und bis heute mächtigste Zentralbank der Welt, die US-amerikanische Notenbank ‚Federal Reserve System‘ (Fed) 1913 von einem privaten Bankenkartell gegründet wurde. Und dass dabei vieles getan wurde, um sowohl die Öffentlichkeit als auch den Kongress zu täuschen und den Anschein zu erwecken, es handle sich hierbei um eine staatliche Institution. Bei dem Begriff ‚Federal‘ denkt ja jeder an ‚föderal‘, das heißt bundesstaatlich, und kaum einer kommt auf die Idee, dass es sich um ein privates Bankenkartell handelt.“

Prof. Senf sagt auch in diesem Interview, dass über diese Tatsachen nichts veröffentlicht wird. Diesbezügliche Anfragen kritischer Abgeordneter an den Schatzkanzler, wer nun die Anteilseigner der Bank von England seien, werden nicht beantwortet. Eine weitere Anfrage an den Schatzkanzler, ob er ein Problem darin sehe, dass private Geschäftsbanken Geld aus dem Nichts schöpfen und dafür auch Zinsen verlangen, beantwortete dieser mit „Nein“.

Eigene Anmerkungen:

Die Geldmaschine FED 15

„Gebt mir die Kontrolle über die Währung einer Nation, dann ist es für mich gleichgültig wer die Gesetze macht."
(Meyer Amschel Rothschild, 1744 – 1812, dt. Kaufmann und Bankier, Gründer des Hauses Rothschild)

In dem Buch *„Die Kreatur von Jekyll Island"* (Untertitel: *„Die US-Notenbank FEDERAL RESERVE – Das schrecklichste Ungeheuer, das die internationale Hochfinanz je schuf"*), wird vom Autor G. Edward Griffin *das geheime Machtkartell des Weltbankensystems* entlarvt. In einer Rezension zu diesem Sachbuch heißt es wie folgt:
„Wie soll ein Bankier die Macht über die Währung einer Nation bekommen, werden Sie sich jetzt fragen: Im Jahre 1913 geschah in den USA das Unglaubliche. Einem Bankenkartell, bestehend aus den weltweit führenden Bankhäusern Morgan, Rockefeller, Rothschild, Warburg und Kuhn-Loeb, gelang es in einem konspirativ vorbereiteten Handstreich, das amerikanische Parlament zu überlisten und das Federal Reserve System (Fed) ins Leben zu rufen – eine amerikanische Zentralbank. Doch diese Bank ist weder staatlich (federal) noch hat sie wirklich Reserven. Ihr offizieller Zweck ist es, für die Stabilität des Dollars zu sorgen. Doch seit der Gründung des Fed hat der Dollar über 95 Prozent seines Wertes verloren! Sitzen dort also nur Versager, oder hat die Fed im Verborgenen vielleicht eine ganz andere Aufgabe und einen ganz anderen Sinn? G. Edward Griffin enthüllt in diesem Buch die wahren Hintergründe über die Entstehung des Federal Reserve Systems und den eigentlichen Sinn und Zweck dieser Notenbank."

Welche Folgen hatte nun der auf Jekyll Island in Georgia, einem Privatgrundstück von J. P. Morgans, ausgehandelte Beschluss, das „FEDERAL RESERVE SYSTEM" einzuführen, für die USA? In die amerikanische Verfassung wurde durch diesen Beschluss ein Zusatzartikel aufgenommen, der es dem Kongress ermöglichte, erstmals das persönliche Einkommen der US-Bürger zu versteuern. Das war die Konsequenz, nachdem die US-Regierung nun kein eigenes Geld mehr drucken durfte, um ihre Operationen zu finanzieren. Mit dieser verhängnisvollen Neuerung begab sich die USA völlig in die Hände internationaler Banker! Es kann daher mit Fug und Recht behauptet werden, dass ab diesem Zeitpunkt der eigentliche Macher nicht mehr die Regierung, sondern ein privates und internationales Bankenkonsortium ist.

Die Funktionsweise dieser internationalen Privatbank Fed ist folgende: Die in Umlauf befindlichen Dollarnoten werden exklusiv von der Fed gedruckt. Das einfach so produzierte Geld wird dann gegen Obligationen (Schuldverschreibungen) an die US-Regierung verliehen, die der Fed als Sicherheit dienen. Diese an sich wertlosen Dollarscheine bekommen für die Fed durch den Verkauf an die US-Regierung den aufgedruckten Realwert, da mit den Obligationen die USA bzw. die Staatsbürger mit ihrem Gesamtvermögen dafür haften. Diese Obligationen werden durch die zwölf Fed-Banken gehalten und diese kassieren dafür jährliche Zinseinnahmen in astronomischen Höhen.

Der US-amerikanische Historiker Prof. Caroll Quigley (1910-1977) erklärte zur Institution Fed: *„Die Mächte des Finanzkapitalismus stellten sich ein weit reichendes Ziel, nämlich nichts weniger als die Schaffung eines weltweiten Systems finanzieller Kontrolle in privaten Händen, in der Lage, das politische System eines Landes und die Weltwirtschaft zu dominieren.“*

Was kann man da machen?

Die Tätigkeit der US-amerikanischen FED hat Auswirkungen auf die ganze Welt. Schreiben Sie an das Direktorium der OeNB über die Internet-Dialogplattform www.direktzurnationalbank.at und ersuchen Sie um Aufklärung über die Struktur und Funktionsweise dieser mächtigsten Notenbank der Welt.

Die apokalyptischen Reiter des Bankenwesens

Die meisten Menschen glauben, dass das Schicksal der Welt von nationalen Parlamenten beziehungsweise supranationalen Einrichtungen wie der UNO entschieden wird. Doch weit gefehlt!

Wenn man wissen will, wo das wahre Zentrum der Macht in der Welt liegt, folge man dem Geld.

Die wirklichen Strippenzieher agieren im Hintergrund als Hauptaktionäre der »Vier apokalyptischen Reiter des Bankenwesens«, zu denen die Bank of America, JP Morgan Chase, die Citigroup und Wells Fargo gehören, die ihrerseits die »Vier Reiter des Erdöls« (ExxonMobil, Royal Dutch/Shell, BP und Chevron Texaco) kontrollieren.

Aus den Firmenberichten an die amerikanische Börsenaufsicht geht hervor, dass diese »Vier apokalyptischen Reiter des Bankenwesens« zu den führenden zehn Aktionären praktisch aller Unternehmen zählen, die in der jährlichen Auflistung der 500 führenden amerikanischen Unternehmen im Magazin Fortune aufgeführt sind.

(Aus dem Buch „*Das Kartell der Federal Reserve – Acht Familien beherrschen die Welt*“
von Dean Henderson)

Eigene Anmerkungen:

Derivate: Die Massenvernichtungswaffe 16

Derivate sind nichts anderes als Wetten. Reine Finanzpapiere ohne Bezug zu einem wirklich abzuwickelnden realem Geschäft, also „Luftbuchungen". Es gibt tausende verschiedene Arten von Derivaten. Der Phantasie der Spekulanten sind da keine Grenzen gesetzt. Es kann einfach auf alles spekuliert werden. Auf Aktienkurse und auf Wetterprognosen, auf die Preisentwicklung von Schweinebäuchen und auf den Bankrott eines Staates.
Derivate sind ein „Nullsummenspiel", denn was ein Marktteilnehmer verliert, das gewinnt ein anderer. Die weltweit ausstehenden Kontrakte werden auf über 600.000 Milliarden Dollar geschätzt. Das sind neunmal so viel wie die gesamte Weltwirtschaftsleistung (70.000 Milliarden US-Dollar). Real wirksam wird jedoch immer nur der Differenzbetrag zur Prognose. Es ist aber das enorme Gesamtvolumen was den Derivatehandel global gesehen so brandgefährlich macht.
Um die ganze Problematik besser zu verstehen, sei folgender Artikel im *Exekutive Intelligence Review* des amerikanischen Wirtschaftsjournalisten John Hoefle aus dem Jahre 2008 zitiert:

„Die Bemühungen von Finanzminister Henry Paulson und seines ‚Absturzverhinderungsteams' werden zunichte, weil der größte Berg an finanziellen Wettgeschäften der Weltgeschichte über ihnen zusammenbricht. Auch wenn ihre Rettungspakete inzwischen beispiellosen Umfang erreichen, ist das immer noch winzig im Vergleich zu der Krebsgeschwulst, die sie retten wollen. Die treibende Kraft in alledem ist jenes globale Kasino, das man den Derivatmarkt nennt – ein Markt, der alle Hypotheken-, Anleihe- und Aktienmärkte der Welt zusammen weit in den Schatten stellt. Während sich die Hypotheken, Bonds und Aktien insgesamt zu Billionen summieren, hat der weltweite Derivatmarkt ein Volumen von Billiarden Dollars. Das Gesamtvolumen genau zu beziffern, ist unmöglich – aber es ist sehr leicht anzugeben, wie viel dieser Derivatmarkt wert ist: gleich null. Die Derivate waren die große finanzielle Innovation

der Greenspan-Ära; spielcasinoartige Wetten auf die Kursbewegungen von Währungen, Anleihen und Aktien traten an die Stelle des realen Besitzes dieser Dinge, damit man leichte Profite machen konnte. Das Volumen dieser Wetten überstieg schon bald den Umfang der Märkte, auf denen sie nominell beruhten, und die Derivate wurden zur Hauptquelle des ‚Profits' auf den Finanzmärkten. Dass diese ‚Profite' rein fiktiv waren, nicht besser als die Spielchips im Kasino, schien irrelevant, solange der Markt wuchs und das Geld hereinströmte.
Aber im Sommer 2007 starb das Finanzsystem, und das setzte auch dem Derivatespiel ein Ende. Nun zerstört der Kollaps des Derivatmarktes das Weltfinanzsystem, und die Spekulanten kämpfen darum, ihre fiktiven ‚Profite' durch die größte staatliche Rettungsaktion der Geschichte zu retten. Dabei ist hervorzuheben, dass es sich nur um einen Versuch handeln kann, denn alles Geld der Welt reicht nicht, um alle ihre Spielgeldwetten zu bezahlen. Und wenn die Zentralbanken versuchten, dieses Geld zu drucken, schüfe das eine hyperinflationäre Bombe, deren Platzen nicht nur die Reste des Finanzsystems wegfegen würde, sondern auch die Regierungen, die Volkswirtschaften und die Existenzmittel für einen großen Teil der Weltbevölkerung. Die Hyperinflation würde den Wert des Dollars selbst auslöschen, und mit ihm Renten, Ersparnisse, Bankguthaben, Aktienportfolios und alle übrigen Vermögenswerte. Haushalte, Unternehmen und Regierungen würden ruiniert, so dass faktisch selbst die Staaten aufhörten, zu existieren … Deshalb ist es wesentlich, dass die Rettungsversuche für die Derivatblase sofort eingestellt werden. Alle Derivatgeschäfte sollten für null und nichtig erklärt und aus den Büchern der Spekulanten gestrichen werden."

Was kann man da machen?

Schreiben Sie an den ORF-Kundenservice, Würzburggasse 30, 1130 Wien (Mail: kundendienst@orf.at) und verlangen Sie einen „Runden Tisch" zum Thema **„Wie gefährlich sind Derivate?"**

Die Spekulanten

Wenn die Börsenkurse fallen,
regt sich Kummer fast bei allen,
aber manche blühen auf:
Ihr Rezept heißt Leerverkauf.

Keck verhökern diese Knaben
Dinge, die sie gar nicht haben,
treten selbst den Absturz los,
den sie brauchen – echt famos!

Leichter noch bei solchen Taten
tun sie sich mit Derivaten:
Wenn Papier den Wert frisiert,
wird die Wirkung potenziert.

Wenn in Folge Banken krachen,
haben Sparer nichts zu lachen,
und die Hypothek aufs Haus
heißt, Bewohner müssen raus.

Trifft's hingegen große Banken,
kommt die ganze Welt ins Wanken –
auch die Spekulantenbrut
zittert jetzt um Hab und Gut!

Soll man das System gefährden?
Da muss eingeschritten werden:
Der Gewinn, der bleibt privat,
die Verluste kauft der Staat.

Dazu braucht der Staat Kredite,
und das bringt erneut Profite,
hat man doch in jenem Land
die Regierung in der Hand.

Für die Zechen dieser Frechen
hat der kleine Mann zu blechen
und – das ist das Feine ja –
nicht nur in Amerika!

Und wenn Kurse wieder steigen,
fängt von vorne an der Reigen –
ist halt Umverteilung pur,
stets in eine Richtung nur.

Aber sollten sich die Massen
das mal nimmer bieten lassen,
ist der Ausweg längst bedacht:
Dann wird bisschen Krieg gemacht!

(Die Urheberschaft dieses Gedichtes dürfte nicht ganz geklärt sein. Jedenfalls kursierte es 2008 unter dem Titel „*Wenn die Börsenkurse fallen*" und wurde niemand Geringerem als *Kurt Tucholsky* (dt. Journalist und Schriftsteller, 1890–1935) zugeschrieben, der es angeblich in der Zeit der Finanzkrise 1930 verfasst haben soll. Der eigentliche Autor dieses offensichtlich zeitlosen Gedichtes dürfte jedoch *Richard G. Kerschhofer* sein, der den Text unter dem Pseudonym *Pannonicus* und unter dem Titel „*Höhere Finanzmathematik*" als Erster veröffentlicht hat.)

Eigene Anmerkungen:

Die Allmacht der Ratingagenturen 17

Wer sind die mächtigsten Institutionen der Welt? Es sind die privaten Ratingagenturen, deren Geschäftszweck es ist, die Kreditwürdigkeit von Konzernen und Banken, ja sogar ganzer Staaten, zu beurteilen und mit einer Note, einem so genannten „Ratingcode“ zu bewerten. Diese Codes reichen von AAA (beste Qualität) bis D (zahlungsunfähig). Die Aufgabe besteht also darin, für Investoren und Gläubiger auf der gesamten Welt die Bonität ihrer Schuldner zu analysieren, um das Rückzahlungsrisiko ihrer Forderungen einschätzen zu können. Bekommt beispielsweise ein Staat ein Triple-A-Rating, also die Bestnote, dann wird von den Ratingagenturen angenommen, dass dieser seine Schulden in jedem Fall zurückzahlen wird. So eine Bestbenotung hat nach wie vor die USA, obwohl diese mit ihrer beinahe 100 %igen Verschuldung und steigenden Budgetdefiziten de facto zahlungsunfähig ist. Andererseits werden aber von diesen US-amerikanischen Ratingagenturen europäische Staaten, die bei weitem keine so hohe Staatsverschuldung haben, wesentlich schlechter eingestuft.

Wer steckt nun hinter diesen so mächtigen Ratingagenturen, von denen die größten und einflussreichsten Moody's, Standard & Poor's und Fitch mit einem monopolistischen Marktanteil von etwa 95 % sind. Es sind private Firmen, die das primäre Ziel haben, große Gewinne zu erwirtschaften. Bei Moody's ist es ein amerikanisches Holdingunternehmen mit einem der reichsten Männer der Welt, Warren Buffett, an der Spitze. Weitere Großaktionäre sind „Goldman Sachs“ und die Rothschild-Bank „Barclays“. Bei Standard & Poor's ist es ein Konzern, der u. a. einflussreiche und meinungsbildende Finanzmagazine herausgibt. Die Ratingagentur Fitch gehört dem französischen Milliardär Marc Ladreit de Lacharriere.

Es ist unglaublich: Diese Privatunternehmen, die niemandem Rechenschaft schulden, entscheiden über die Zahlungsfähigkeit und somit über das Wohl und Weh jedes größeren Unternehmens, jedes Staates und jeder Großbank auf dieser Welt. Sie entscheiden mit ihren Benotungen nicht nur darüber, wer auf dieser Erde Geld vom Kapitalmarkt bekommt und wer nicht, sondern sie bestimmen auch indirekt den Zinssatz: Je schlechter die Bewertung, desto höher der Zinssatz am Kapitalmarkt. (Die „Investoren" wollen sich nämlich das erhöhte Risiko abgelten lassen.) Damit ist der Teufelskreis vorprogrammiert, weil über die erhöhten Kreditkosten die Gewinne des Schuldners sinken oder dessen Verluste steigen – womit die Bonität des Unternehmens bzw. Staates weiter sinkt. Im schlimmsten Fall wird ein Unternehmen oder auch ein Staat so schlecht eingestuft, dass er überhaupt keine Geldgeber mehr findet. Dann droht der Bankrott.

Die Ratingagenturen haben in ihrer Geschichte schon gravierende und folgenschwere Fehleinschätzungen gemacht. So waren sie nachweislich durch ihre willkürlichen und falschen Bewertungen Mitauslöser der Finanzkrise 2008, da sie jahrelang gebündelte Hypotheken-Anleihen, die in Wahrheit Ramschpapiere waren, mit Best-Ratings bewertet haben. Auch Griechenland, Portugal und (jetzt) weitere Problemstaaten wurden viel zu lange in ihrer Bonität positiv beurteilt.

Es stellt sich die berechtigte Frage: Können diese Personen, die hinter den Ratingagenturen stehen, neutral und objektiv sein? Verfolgen sie nicht die Interessen ihrer Auftraggeber? Sie sind Diener der Habgier und damit Helfer des Großkapitals. Und sie werden bislang von niemandem effektiv kontrolliert. Auf Grund ihrer gewaltigen Macht ist die Politik machtlos!

Ein Zitat aus der *New York Times* bringt es auf den Punkt: *„Die drei großen Rating-Agenturen. Eine Einzelne von ihnen ist mächtiger als die US-Regierung. Sie heißen Moody's, Standard & Poor's und Fitch."*

Was kann man da machen?

Lesen Sie das Kapitel „Die Helfershelfer enttarnen" in der Publikation *Stoppt das Euro Desaster* von Max Otte und fordern Sie die Neuordnung der Rating-Praxis, bei der das Wohl der Finanzmärkte und nicht das Wohl der Menschen primäres Ziel ist.

Man stelle sich vor,

es gäbe einen Richter, dessen Urteile nie in Zweifel gezogen werden — auch wenn er keine Begründung dafür liefert. Für seine Fehler müsste er keinerlei Verantwortung tragen.

Während seiner Zeit als Richter kann er Geschäftsbeziehungen mit den Angeklagten unterhalten, bezahlt wird er sowieso von ihnen.

Genauso muss man sich die Rolle der amerikanischen Ratingagenturen Standard & Poor's, Fitch und Moody's vorstellen.

(Dennis Snower,
Präsident des Kieler Weltwirtschaftsinstituts)

Eigene Anmerkungen:

Die „Bad Bank" und die Schattenbanken 18

Jenen Großbankern, die vor dem Scherbenhaufen ihrer auf Teufel komm raus betriebenen Aufblähung ungedeckter und somit höchst riskanter Finanzgeschäfte stehen, kam eine grandiose Idee: Es muss jemand gefunden werden, der diese faulen Wertpapiere und wackeligen Kredite abkauft, womit dieser Giftmüll aus den eigenen Bankbilanzen verschwinden kann. Und siehe da, es hat sich tatsächlich wer gefunden, der bei diesem Deal mitmacht: Der Staat, sprich die StaatsbürgerInnen. Konkret funktioniert das so: Der Staat kauft den Banken ihre Problem-Papiere ab und entsorgt sie in einer eigens dafür gegründeten Gesellschaft: Der Bad Bank. Finanziert wird von der Regierung dieses Geschäft aus dem Staatshaushalt, d. h. letztendlich auf Kosten der Steuerzahler. Selbstverständlich wird dieses Risikogeschäft für den Staat nicht sofort schlagend. In den folgenden Jahren verwertet die Bad Bank diese faulen Kredite und versucht, diese unsicheren Anlagen zu Geld zu machen. Das dürfte jedoch weitestgehend ein Wunschdenken sein. Es stellt sich die Frage: Ist nicht die Auslagerung „toxischer Wertpapiere" in eine Bad Bank sozial höchst ungerecht? Und zwar deshalb, weil sie die Gewinne aus spekulativen Wertpapiergeschäften bei den Banken belässt und die Verluste auf die Gesamtbevölkerung verteilt – also sozialisiert? Bei diesem von den Politikern mit den so genannten „Bankenrettungspaketen" abgesegneten Deal geht jedenfalls die Bank als Gewinner vom Feld und niemand zieht die Bankmanager für ihr Fehlverhalten zur Verantwortung. Der deutsche Politik- und Wirtschaftswissenschaftler Prof. Dr. Henrik Enderlein stellt folgenden Vergleich an: *„Fänden Sie es richtig, mit Steuergeldern einem spielsüchtigen Zocker wertlose Rubbellose abzukaufen? Glauben Sie, mit einem solchen Verhalten würde die Spielsucht gebremst?"*

Tatsache ist: Hätten die Banken bei ihrer Bilanzierung die Grundsätze eines „ordentlichen Kaufmannes" befolgt und die uneinbringlichen Forderungen abgeschrieben, dann wären so manche Banken Pleite gegangen und die Aktionäre hätten viel verloren. Das wollte man den Aktionären nicht zumuten. Das Verlustrisiko in gigantischen Größenordnungen haben jetzt die unbeteiligten StaatsbürgerInnen.

Wie ist der Begriff „Schattenbanken“ zu verstehen?
Alleine schon diese Bezeichnung verspricht nichts Gutes. Und in der Tat: Das sind Unternehmen, die zwar Finanzgeschäfte machen, aber keine Banken sind – und deshalb schwer zu regulieren und zu kontrollieren. Ein sehr treffender Vergleich, den die TAZ in ihrem Krisenglosssar vom 9. 11. 2011 anstellt: *„Mit der Regulierung der Finanzmärkte ist es ähnlich wie mit dem Rauchverbot in Kneipen. Wer immer noch rauchen will, der geht vor die Tür und wer immer noch verbotene Spekulationsgeschäfte abschließen will, der geht zu einer Schattenbank.“*

Das bekannteste Beispiel für Schattenbankgeschäfte sind Hedgefonds, die hohe Renditen bei einem entsprechenden Risiko einbringen können. Grobe Schätzungen gehen davon aus, dass Schattenbanken inzwischen etwa 25 bis 30 % des globalen Finanzsystems ausmachen. Der Schattenbankensektor stellt somit ein enormes Risiko für die Stabilität der Finanzmärkte dar, da die so genannten systemrelevanten Institute oftmals eng mit Schattenbanken verstrickt sind.
Schlussfolgerung: Die Finanzindustrie hat sich längst als weltweit größtes Spekulationscasino verselbstständigt und lässt sich weder in die Karten schauen noch effektiv kontrollieren. Die Politik ist machtlos!

Was kann man da machen?

Fragen Sie die Politiker Folgendes: Warum haben die Regierungen den insolventen Banken nicht die guten Wertpapiere abgekauft und diese in eine „Good Bank“ transferiert, sondern sich die „toxischen“, also wahrscheinlich uneinbringlichen Wertpapiere, andrehen lassen? Die Aktionäre der Banken blieben dann zwar auf den Verlusten sitzen – aber die „Good Bank“ könnte zum Wohle der BürgerInnen weiter bestehen.

Schattenbanken

sind aber zweifellos auch eine kriminell
organisierte „Schattenwirtschaft",
die versucht, den Geldfluss mit allen Mitteln
auf ihre eigenen Konten umzuleiten.
Schattenbanken sind aber vor allem eines:
ein aus dem Ruder gelaufenes, unreguliertes,
nach außen jedoch vollkommen „legal"
getarntes Finanzsystem, das sich durch seine
eigenen Exzesse in den Ruin zu treiben
gedenkt.

(Auszug aus dem Artikel „Schattenbanken"
von Lothar Lochmaier am 4. 2. 2012 in Telepolis
von heise online)

Eigene Anmerkungen:

Cross-Border-Leasing Das große Geschäft – für wen? 19

Was „Cross-Border-Leasing" ist und was es bewirkt, wissen wahrscheinlich die wenigsten. Aber eines ist sicher: Alle Menschen sind zumindest indirekt davon betroffen.

Der Experte in Sachen Wirtschaftskriminalität und Publizist Dr. Werner Rügemer (er ist auch Autor des einschlägigen Buches *„Cross Border Leasing – Ein Lehrstück zur globalen Enteignung der Städte"*) beurteilt dieses von amerikanischen Finanzakteuren entwickelte Geldvermehrungssystem wie folgt:

„In der öffentlichen Märchenversion ist Cross Border Leasing (CBL) Folgendes: Städte verkaufen für mindestens 30 Jahre ihre wertvolle Infrastruktur wie Kanalisation, Schienennetze, Wasserwerke, Müllverbrennungsanlagen, Messehallen, Straßenbahnen u. ä. an US-amerikanische Investoren und mieten die Anlagen zurück. Die Investoren erhalten in den USA für diese staatlich geförderte Auslandsinvestition 30 Jahre lang einen Steuervorteil. Die Städte bekommen dafür am ersten Tag eine bare Einmalzahlung („Barwertvorteil") in Höhe von 4 bis 5 % des Kaufpreises; mit diesem einfachen Trick können sie auf schwerelose Art ihre Verschuldung mindern.

In Wirklichkeit handelt es sich bei CBL um ein typisches Produkt der neoliberal entfesselten Finanzakteure, nämlich eine hochkomplizierte ‚strukturierte Finanzierung' mit verborgenen Mittätern und unkalkulierbaren Risken …"

Rügemer ist überzeugt davon, dass diese massenweise von den Amerikanern in vielen Ländern abgeschlossenen CBL-Geschäfte wesentlich zur Finanzkrise beigetragen haben. Die Transaktionen sind Scheingeschäfte, die eine Lücke im US-amerikanischen Steuergesetz ausnützen. Mit solchen Finanzkonstruktionen konnten US-Investoren (in der Regel amerikanische Großbanken und Versicherungsunternehmen) enorme Steuervorteile lukrieren, die beiden Vertragspartnern Gewinne bescheren – letztlich zu Lasten der US-SteuerzahlerInnen. Nach Über-

zeugung Rügemers ist dieser Steuervorteil für die US-Banken nur ein Nebenaspekt. Das Wesentliche besteht darin, dass mehrere Banken untereinander einen auf 30 Jahre angelegten Kapitalkreislauf organisieren, Geldschöpfung betreiben und Zinsen kassieren.
Ende 2004 verfügte der US-Kongress, dass es solcherlei Tricks nicht mehr geben wird und stellte dieses Geldbeschaffungsmonopol ab, was nun schwerwiegende Konsequenzen für die bestehenden CBL-Geschäfte haben wird.

Laut Prüfbericht des Rechnungshofes 2004 wurden in Österreich CBL-Transaktionen in Höhe von 18 Milliarden Euro mit einem „Barwertvorteil" von 1,046 Milliarden Euro abgewickelt. Dieses Geld liegt bzw. lag als verzinstes Depot aber vornehmlich auf Konten der US-Finanzhäuser, um daraus die Leasingraten für die „verkauften" und zurückgeleasten Objekte zu bezahlen. Die derzeitige Finanzkrise wirft nun ein folgenschweres Problem auf: Im Falle der Insolvenz der Depotbanken ist nicht nur dieses Geld weg, sondern der österreichische Leasingnehmer bleibt weiterhin zur Vertragserfüllung für die gesamte Vertragsdauer verpflichtet. Ein vorzeitiger Ausstieg ist mit enormen Kosten verbunden.

Was kann man da machen?

Abgeordnete des österreicherischen Parlaments haben am 28. 10. 2010 einen Entschließungsantrag betreffend Cross Border Leasing eingebracht, wonach die Regierung aufgefordert wird, einen umfassenden Bericht über die in der Vergangenheit durchgeführten CBL-Geschäfte auszuarbeiten. Liegt dieser Bericht schon vor und zu welchem Schluss kommt dieser? Fragen Sie beim Bürgerservice services@parlament.gv.at der Parlamentsdirektion nach. Wenn Sie hierzu noch vorher einen Anstoß brauchen und die ganze Wahrheit über die Praktiken der dubiosen und verlustreichen CBL-Geschäfte erfahren wollen, dann lesen Sie den Artikel „*Öffentliche Infrastruktur in Milliardenwert verkauft – Cross Border Leasing in Österreich*" vom 8. 6. 2009 im Internet unter www.zeit-fragen.ch.

Genossenschaftliche Werbung

„Hat Ihr Unternehmen Kraftwerke, Elektrizitätsübertragungs-
netzwerke, Telekommunikationsanlagen
(Fixed Line oder Wireless),
Flugzeuge, Eisenbahnassets, bemautete Straßeninfrastruktur,
gewerblich genutzte Immobilien,
Abwasseraufbereitungsanlagen,
evtl. inklusive Zuleitungssystemen, Frischwasserverteilungs-
systeme, Kanalisationsanlagen, Müllverbrennungsanlagen,
Öl- oder Gaspipelines, computergesteuerte Anlagen
mit einen historischen Anschaffungswert von mindestens
150 Millionen Euro im Anlagevermögen?

**Ist dies der Fall, dann kontaktieren Sie unsere Experten
für ein erstes Gespräch über die Möglichkeiten
einer Cross Border Leasing Transaktion
für Ihr Unternehmen.“**

(Aus der Homepage der RZB Österreich AG
www.rzb.at/eBusiness/rzb_template1/...)

Eigene Anmerkungen:

Milchseen, Getreideberge und Hungertod 20

Die Agrarpolitik der späten 1970er- und 1980er-Jahre verband man in der Öffentlichkeit mit den Metaphern „Milchseen“, „Butter-“ und „Getreideberge“. Nach wie vor sorgen subventionierte Agrarexporte aus Europa dafür, dass die Märkte in den Entwicklungsländern zusammenbrechen, bäuerliche Existenzen vernichtet werden und Menschen verhungern. Wir leben in einer Überflussgesellschaft, wo einerseits jeden Tag Tonnen von Lebensmitteln im Mistkübel landen und andererseits tagtäglich Millionen Menschen nicht einmal so viel zum Essen bekommen, dass sie überleben können. Besonders betroffen sind die Menschen in Afrika und da vor allem die Kinder. Laut einem Bericht der UNICEF sterben jährlich 7 Millionen Kinder an den Folgen der Unterernährung. Insgesamt sterben jährlich 30 Millionen Menschen an Hunger. Für den Schweizer Soziologen und Sonderberichterstatter für das Recht auf Nahrung, Jean Ziegler, sind diese Kinder Opfer einer Weltordnung, deren Gesetze nur noch dem grenzenlosen Profit verpflichtet sind.

Hunger ist kein Naturereignis, das sich nicht verhindern ließe. Es ist die Folge von politischem, wirtschaftlichem und ökologischem Fehlverhalten. Wirtschaftliche Interessen werden vor soziale und ökologische Notwendigkeiten gestellt. Das Grundübel ist auch hier die Habgier. Es wird in der Regel nicht vorbehaltlos und solidarisch geholfen, sondern es wird eine Gegenleistung und Schuldenrückzahlung erwartet. Deshalb sind auch viele der armen Länder Afrikas heillos verschuldet und müssen zur Kenntnis nehmen, dass ihre Rohstofflager schamlos ausgebeutet werden. Die Profiteure der heutigen halbherzigen Anti-Hunger-Politik sind vor allem die global und national einflussreichen internationalen Konzerne. Sie sind nach Überzeugung Jean Zieglers die wesentlichen Mitverursacher des Hungers in der Welt.

Die Frage, was diese erschreckenden Zahlen mit dem Finanzmarkt zu tun haben, beantwortet Jean Ziegler in einem Interview mit dem Titel „Tribunal für Spekulanten“ am 21. 9. 2008 mit der Frankfurter Rundschau so: „*Es gibt drei Dinge, die das Leid hauptsächlich verursachen: Erstens das Argar-Dumping. Die EU subventioniert das und wir exportieren unsere Überschüsse zum Beispiel nach Afrika, wo diese Überschüsse die Landwirtschaft zerstören. Zweitens die Produktion von Agrar-Treibstoffen. Die USA haben im vergangenen Jahr 138 Millionen Tonnen Mais verbrannt, um Agrar-Rohstoffe herzustellen. Dazu Hunderte Millionen Tonnen Getreide. Das hat zu einer unglaublichen Verknappung der Nahrungsmittel geführt. Das dritte Übel ist die Spekulation auf Nahrungsmittel. Das funktioniert mit Agrar-Rohstoff-Zertifikaten, die an der Börse gehandelt werden … Die großen Hedgefonds haben auf der Suche nach profitablen Anlagemöglichkeiten die Agrar-Rohstoffbörsen der Welt angesteuert und dort ihre Termingeschäfte aufgebaut.*

… Die Spekulanten sollen jetzt vor ein Tribunal kommen, wie die Nazi-Verbrecher nach dem Krieg in Nürnberg angeklagt wurden. Das sind Verbrechen gegen die Menschlichkeit."

In seinem Buch „*Das Imperium der Schande*" ruft Jean Ziegler zum Aufstand gegen die Weltherrschaft der Konzerne auf, die ihre Legitimation auf den „*Konsensus von Washington*" zurückführen.

Jean Ziegler ist der Überzeugung, dass sich die dem „Consensus von Washington" verpflichtete FAO (Welthandelsorganisation der UNO) „nur auf dem Papier" weltweit für die `Überwindung von Hunger und Unterernährung und der Hebung des Lebensstandards einsetzt. Er fordert, dass die Welthandelsorganisation die Ernährungssouveränität der Länder wieder respektieren muss und nicht durch Total-Liberalisierung weiteres Agrar-Dumping zulässt.

Was kann man da machen?

Teilen wir den Optimismus von Jean Ziegler: „*Es wird sich die Erkenntnis durchsetzen, dass die Paradigmen der gegenwärtigen Weltordnung mörderisch und verlogen sind. Diese Erkenntnis wird sich durchsetzen, weil jetzt die Menschen im Herzen des Herrschaftsbereiches Opfer sind. Und wenn jemand leidet, dann denkt er richtig.*"

Infolge der globalisierten, wild wütenden Kapitalmärkte

ist eine Weltordnung entstanden,
die den Lebensinteressen der großen Mehrheit
zuwiderläuft.
Von 6,3 Milliarden Menschen leben fast
5 in einem der 122 so genannten Entwicklungsländer,
meist unter unwürdigen Bedingungen.
100.000 Menschen sterben jeden Tag an Hunger
oder seinen unmittelbaren Folgen.
Alle 5 Sekunden verhungert ein Kind
unter zehn Jahren.
Dieser tägliche, stille Völkermord geschieht auf
einem Planeten, der von Reichtum überquillt.
Dabei könnte die Erde problemlos
12 Milliarden Menschen hinreichend ernähren.

Hunger ist kein Schicksal.
Hinter jedem Opfer steht ein Mörder.
Wer Geld hat, isst und lebt;
wer keines hat, hungert, wird invalid oder stirbt.

Jean Ziegler

(Jean Ziegler war UNO-Sonderberichterstatter für Recht auf Nahrung und ist seit 2008 Mitglied des beratenden Ausschusses, UNO-Menschenrechtsrat)

Eigene Anmerkungen:

Räuberische Hochseefischer 21

In seiner besonders brutalen, gewissenlosen und ausbeuterischen Weise zeigt sich der Raubtier-Kapitalismus auch am Beispiel der Meeresfischerei. Es ist vor allem Greenpeace zu verdanken, dass mit seinen spektakulären Aktionen die Weltöffentlichkeit schon lange auf diese Vergehen aufmerksam und für diese Thematik sensibel gemacht wurde. Was sind die Fakten?

Die Ozeane sind nach Ansicht von Experten bereits weitgehend leergefischt. Da wesentlich mehr Fische gefangen werden, als diese sich selbst wieder reproduzieren können, bleibt meistens nichts anderes zurück als eine große Leere. Obwohl zahlreiche Fischbestände bereits vor dem Zusammenbruch stehen, durchkämmen hochtechnisierte Industriefangflotten aus Profitgier weiterhin die Weltmeere. Mit immer effektiveren Fangmethoden, z.B. mit 60 km langen Treibnetzen oder Schleppnetzen, welche durchs Meer gezogen werden und alles einfangen, was dort gerade durchschwimmt. Diese angewandten Techniken sind unselektiv und fordern einen hohen Tribut: Viele Millionen Tonnen Meereslebewesen gehen jährlich als ungenutzter Beifang tot oder sterbend wieder über Bord. Jungfische, Wale, Delphine, Seevögel, Haie und Pottwale finden in diesen Todesnetzen ihr Ende.
Die industrielle Fischerei bedient sich auch der Fangmethode mit Langleinen. Diese sind über 100 km lang und haben, seitlich ausgelagert, Tausende köderbestückten Haken. Diese Köder locken natürlich Haie, Rochen, Delphine, Schildkröten, aber auch Albatrosse und andere Seevögel an, welche sich in diese Haken verbeißen und beim Einholen der Leinen getötet werden. Insgesamt sind täglich 4 Millionen Haken zum Thunfischfang „im Einsatz". Der unerwünschte und zurückgeworfene Beifang macht manchmal sogar bis zu 90 % aus! Allein in der Nord- und Ostsee verenden jährlich 10.000 Schweinswale in Grundstellnetzen. Es wird täglich mit mehreren 100 Schiffen immer noch mit illegalen riesigen Treibnetzen gefischt.

Ein großes Problem in der Hochseefischerei sind vor allem auch die illegalen Piratenfischer: Ohne Namen, ohne Flagge und ohne Lizenz durchkämmen sie die Meere und schöpfen bereits 30 % der gesamten Fangmenge ab.
Zu den zerstörerischsten Fangmethoden gehören die riesigen Grundschleppnetze. Sie verwüsten in Sekunden Jahrtausende alte Tiefsee-Korallenriffe.
„*Unsere Ozeane werden systematisch zerstört!*" – Zu diesem Schluss kommt Avaaz (das Internet-Kampagnen-Netzwerk, das mit Bürgerstimmen politische Entscheidungen weltweit beeinflusst) und startete angesichts dieser Tatsache im September 2011 eine weltweite Bürger-Kampagne. In der Begründung wird darauf verwiesen, dass die Fischereiindustrie beschwerte Grundschleppnetze benutzt, deren Scherbretter aus Metall am Meeresboden entlangpflügen und dabei alles vernichten, was ihnen in den Weg kommt: „*Grundschleppnetzfischerei entspricht der Abholzung eines Waldes, nur um einen Papagei zu fangen.*"

In der von Avaaz an die UN-Generalversammlung im September 2011 gerichteten Resolution heißt es u. a.: „*Als beunruhigte Bürger der Welt rufen wir Sie dazu auf, … alles zu tun, um die zerstörerische Tiefseefischerei zu verbieten. Wir drängen Sie, ein neues Zeitalter der Verantwortung und Verpflichtung gegenüber unserer versehrten Ozeane einzuläuten, indem Sie an den Zusagen anderer Nationen, die Meere zu schützen und Zerstörung zu beschränken, festhalten.*" Dem Aufruf von Avaaz an die UN-Generalversammlung sind bis Ende 2011 mehr als 700.000 Avaaz-Mitglieder aus über 200 Ländern per Internet-Votum gefolgt und es ist zu hoffen, dass dieses eindrucksvolle Votum zu einem Umdenkprozess in der UNO in Richtung Verbot der zerstörerischen Tiefseefischerei führt.

Was kann man da machen?

Unterstützen Sie die vielfältigen Greenpeace-Aktivitäten. Die oft zu hörende und resignierende Bemerkung „*Da kann man eh nichts machen*" sollte weitestgehend aus unserem Vokabular verschwinden – dann könnte sich vieles in unserer Welt zum Besseren verändern!

RETTET GREENPEACE DIE WELTMEERE VOR ÜBERFISCHUNG?

1989 - Die Vereinten Nationen verabschieden eine Resolution für ein Verbot der Treibnetzfischerei. Die Resolution hat Greenpeace zusammen mit den USA, Neuseeland und einigen Südpazifikstaaten erarbeitet. 1991 wird ein entsprechendes Moratorium beschlossen.

1993 - Greenpeace protestiert gegen illegale Fangfabrikschiffe im Südpolarmeer und bringt Beweise für deren Existenz zur jährlichen Konferenz zum Schutz der lebenden Meeresschätze der Antarktis.

1995 - Die Vereinten Nationen beschließen ein Abkommen, das erste internationale Standards für eine nachhaltige Fischerei festlegt. An dessen Ausarbeitung hat Greenpeace mitgewirkt.

1996 - Greenpeace stellt Prinzipien für eine ökologisch verträgliche Fischerei vor. Gefordert wird ein neues Fischereimanagement, um die Überfischung der Meere zu verhindern.

1997 - Italien kündigt an, 600 Treibnetzschiffe stillzulegen. Die deutsche Fischwirtschaft macht erste Zugeständnisse, ihre Verantwortung anzunehmen: Sie beginnt, Verbraucher über Herkunft, Art und Fangmethode der Fischprodukte zu informieren.

1998 - Die Fischerei- und Landwirtschaftsminister der Europäischen Union beschließen ein Verbot der Treibnetzfischerei: In einer dreijährigen Übergangsphase müssen die EU-Staaten ihre Treibnetzflotten auflösen.

2003 - Endlich tritt ein weltweites Verbot von hochgiftigen Tributylzinn (TBT)-haltigen Schiffsanstrichen in Kraft. Ein großer Erfolg für die 1999 begonnene Greenpeace-Kampagne.

Das sind nur einige der vielen und auch erfolgreichen Aktivitäten von Greenpeace. Ein Beweis dafür, dass das Engagement einer Gruppe von Menschen ein Umdenken und Einlenken „globale Ausmaße" bewirken kann. Warum sollte das nicht auch bei einer längst anstehenden Geldreform möglich sein?

Eigene Anmerkungen:

Die globalen Baummörder 22

Wenn sich der Raubtier-Kapitalismus weiterhin so unkontrolliert austoben kann, dann wird er sich im wahrsten Sinne des Wortes den Ast, auf dem er sitzt, selber absägen und dann aber nicht nur sich selbst vernichten. Gemeint ist die globale Zerstörung der Regenwälder, vor allem im Amazonasgebiet und in Malaysien.
Jährlich werden weltweit ca. 13 Millionen Hektar Regenwald und Mangrovenwälder im Auftrag habgieriger und gewinnsüchtiger Konzerne abgeholzt und die gerodeten Flächen werden sodann für Soja- und Palmöl-Plantagen, Rinderweiden sowie Garnelen- und Schrimpsfarmen, genutzt. Alle paar Sekunden wird Wald im Ausmaß eines Fußballfeldes gerodet. Es geht damit ein für das Überleben von Mensch und Tier unverzichtbares Ökosystem unwiederbringlich verloren. Weltweit sind bereits 80 % des gesamten Waldes, der vor 8.000 Jahren noch die Erde bedeckte, verschwunden.
Die rücksichtslose Abholzung der Urwälder geschieht aus zweierlei Gründen: Zur Befriedigung des weltweiten Bedarfes an Tropenholz (vor allem zur Papierherstellung) und für die anschließende Nutzung der gerodeten Flächen als Plantagen.
Seit einigen Jahren ist eine neue Komponente in der Vernichtung des Regenwaldes hinzugekommen: Die globale Finanz- und Wirtschaftskrise hat als alternative Veranlagungsform einen wahren Goldrausch ausgelöst, der sich in der immer massiver werdenden Zerstörung des Regenwaldes durch Goldschürfer zeigt. Forscher der *Duke University* kommen zu dem Ergebnis, dass sich alleine im peruanischen Tropenwald die illegale Abholzung in den letzten Jahren versechsfacht hat. Hinzu kommt, dass durch den Quecksilbereinsatz dieses giftige Metall nicht nur die Gesundheit der Goldschürfer schwer geschädigt wird, sondern auch Flüsse, Böden und die Luft massiv verseucht werden.

Angesichts eines Ökosystems Wald, das Wasser speichert und reinigt, den Boden schützt, unsere Luft filtert, Sauerstoff produziert und Koh-

lenstoff bindet, wertvolle Naturstoffe liefert, Erholungsraum bietet, Lebensgrundlage für zahlreiche Tier- und Pflanzenarten ist und schlussendlich unser Klima maßgeblich beeinflusst, ist es ein Verbrechen an Menschheit und Natur, wenn gierige Weltkonzerne aus maßloser Gewinnsucht ohne Rücksicht die Natur ausbeuten und vernichten. Auch die tropischen Gezeitenwälder, die Mangroven, werden weltweit abgeholzt um Platz für Garnelen- und Schrimpsfarmen zu schaffen. Der Beginn der Abholzung des Regenwaldes war eine der gravierendsten Fehlentscheidungen der Menschen. Das in großen Stil vor sich gehende Abholzen hat nicht nur unumkehrbar dem Klima geschadet, sondern auch der Pflanzen- und Tierwelt. Die Abholzung nimmt immer rasanter zu. Trotz vielfältiger Warnungen und dem Wissen um den Schaden für Klima, Pflanzenwelt und Tierwelt, lassen sich die verantwortungslosen Konzerne nicht abhalten, dieses für die Menschheit lebenswichtige Ökosystem schwer zu schädigen bzw. zu zerstören.
Es kommt daher nicht von ungefähr, dass angesichts dieser rücksichtslosen und zerstörerischen Konzerninteressen die Vereinten Nationen das Jahr 2011 zum *Internationalen Jahr der Wälder* erklärt haben. Nur zeigt die Erfahrung, dass solcherlei *„Jahr des … Erklärungen“* in der Regel kaum den erhofften Erfolg bringen oder ein nachhaltiges Umdenken auf breiter Basis bewirken.

Was kann man da machen?

Setzen Sie konkrete Handlungsschritte. Es gibt diesbezüglich viele Möglichkeiten. Beispielsweise:
- Übernahme einer Regenwald-Patenschaft über den WWF Österreich. www.wwf.at
- Unterstützung der *Plant-for-the-Planet Foundation* „Jetzt retten wir Kinder die Welt“ www.plant-for-the-Planet.org
- Mitgliedschaft des Vereins „Regenwald der Österreicher“ zur Rettung des Esquinas-Regenwaldes und Nationalparks in Costa Rica. www.regenwald.at

Angesichts

der weit verbreiteten Umweltzerstörung
kommen die Menschen überall
allmählich zu der Einsicht,
dass wir mit den Gütern der Erde
nicht weiterhin so umgehen können
wie in der Vergangenheit.

Ein neues ökologisches Bewusstsein entsteht,
und anstatt es herunterzuspielen,
sollte es gefördert und in konkrete Programme
und Initiativen umgesetzt werden.

(Papst Johannes Paul II.)

Eigene Anmerkungen:

Das große Geschäft mit dem Tod 23

„Jeder, der Gewalt zu seiner Methode gemacht hat, muss zwangsläufig die Lüge zu seinem Prinzip erwählen."
(Alexander I. Solschenizyn)

Das 20. und das 21. Jahrhundert werden in die Geschichte als das Zeitalter des großen Tötens eingehen. Die weltweite Waffenproduktion läuft immer mehr auf Hochtouren, wobei insbesondere die Länder USA, China, Großbritannien, Frankreich, Russland, Japan, Saudi-Arabien, Deutschland, Indien und Italien die unrühmlichen vorderen Plätze einnehmen. Die globalen Rüstungsausgaben belaufen sich nach Ermittlung von SIPRI (Stockholmer Institut für internationale Friedensforschung) auf 1.464 Milliarden Dollar (2008). Unter diesen Gegebenheiten wäre es absurd, anzunehmen, dass wir uns auf dem erstrebenswerten Weg zum Weltfrieden befinden.
Das Wirtschaftswachstum vieler Länder hängt ursächlich mit dem Waffengeschäft zusammen. Es kann mit Fug und Recht behauptet werden, dass es ohne die Erzeugung von Kriegsgerät in vielen Industrieländern kein Wirtschaftswachstum gäbe. Das herrschende Geldsystem verlangt nämlich ein jährliches Welt-Wirtschaftswachstum damit die systembedingten Zinsen und Zinseszinsen bezahlt werden können. Aus dem „normalen" Produktions- und Dienstleistungsgeschäft ist dieses Wachstum zumeist nicht mehr möglich. Mit der Waffenproduktion lässt sich das beste, einträglichste und dauerhafteste Geschäft machen. Deswegen, weil die Waffen nach ihrer Produktion und dem Export in die kriegführenden Länder sofort „verbraucht" werden und daher neuerlich Waffen erzeugt werden „müssen". In keinem der Länder, wo derzeit Krieg geführt wird, wäre es zwingend notwendig, die anstehenden Probleme mit Waffengewalt lösen zu wollen. Das wird nicht (mehr) gelingen! Der Krieg wird diesen Ländern von der Waffenindustrie sowie von skrupellosen Regierungen und Geschäftemachern aufgezwungen – trotz Wissens, dass damit unbeschreibliches menschliches Elend und Zerstörung von Hab und Gut die Folge ist und der Hass

(vor allem gegen den Westen) immer mehr geschürt wird. Die Waffenlieferanten bzw. ihre Regierungen haben auch größtes Interesse an einem nachhaltigen Einfluss in diesen Ländern, sei es im wirtschaftlichen oder politischen Sinne.
Vor allem geht es diesen Regierungen und Weltkonzernen um den Zugriff auf die dort befindlichen Ressourcen. Das Perverse daran ist, dass die Waffen-Importländer ihre Waffen-Rechnungen mit der Ausbeutung von Mensch und Natur bezahlen müssen und zudem die Exportländer mit der Waffenproduktion ihre Leistungsbilanzen schönigen. Vor allem die USA, die für die Bekämpfung des Terrorismus (z. B. in Afghanistan, Nahost) enormes Waffen- und Soldatenpotenzial einsetzen – obwohl ihnen klar sein müsste, dass diese Kriege mit roher militärischer Macht nicht zu gewinnen sind. Das SIPRI stellte fest, dass 20 (!) Länder nicht nur den Staat Israel, sondern auch die palästinensische Hamas mit Waffen versorgen. Die großteils auf Lüge aufgebauten Kriege (Paradebeispiel ist der völkerrechtswidrige Angriff auf den Irak) kosten dem Steuerzahler viele Milliarden Euro.
Der von den USA ausgehende und die ganze Welt überflutende neoliberalistische Raubtier-Kapitalismus ist die wahre Ursache für die weltweiten kriegerischen Auseinandersetzungen und für den Unfrieden zwischen den Völkern. Eine erfolgreiche Bekämpfung des Terrorismus kann aber nur mit humanitären Maßnahmen und durch verstärkte Wirtschaftshilfe geschehen.
Aber: Damit lässt sich nicht das große Geschäft machen. Um ein dauerhaft großes finanzielles Geschäft kämpfen die Kapitaleigner geradezu und nehmen hierfür alles in Kauf – auch Weltkriege.

Was kann man da machen?

Kaufen Sie bewusst und konsequent für Ihre Kinder und Enkelkinder kein Kriegsspielzeug – welches überdies vornehmlich aus China, dem Land, in dem die Menschenrechte am meisten mit Füßen getreten werden, herstammt. Lesen Sie das Buch von Jean Ziegler „*Der Hass auf den Westen – wie sich die armen Völker gegen den wirtschaftlichen Weltkrieg wehren*“ und ziehen Sie Schlüsse daraus.

Hat der Zins tatsächlich mit Krieg zu tun?

In einer deutschen Sparkassenzeitung erschien im Dezember 1988 ein hochinteressanter Nachdruck, entnommen aus einem Vorläufer der gleichen Zeitschrift aus dem Jahr 1891. Dieser vor 100 Jahren geschriebene Artikel befasste sich mit der Zinsentwicklung, schwerpunktmäßig mit jener des 19. Jahrhunderts. Dabei wurde vor allem der damals registrierte Trend sinkender Zinsen beklagt und erklärt:

„Die Ursache für das Sinken des Zinsfußes wird vorzüglich darin gefunden, dass die besonders rentablen Capitalanlagen großen Maßstabes heute erschöpft sind und nur Unternehmungen von geringer Ergiebigkeit übrig bleiben."

Um den damals bei drei Prozent liegenden Zinssatz vor weiterem Fall zu bewahren, hieß es weiter:

„... müssten die neuen Länder, beispielsweise Afrika, sehr rasch durch europäische Capitalien erschlossen werden, damit einem solchen Sinken begegnet werde."

Doch da auch das zu einer Umkehr des Zinstrends nicht ausreichen würde, schließt der 1891 erschienene Artikel mit folgenden Sätzen:

„So spricht denn alles dafür, dass wir noch einem weiteren Sinken des Zinsfußes entgegensehen. Nur ein allgemeiner europäischer Krieg könnte dieser Entwicklung Halt gebieten durch die ungeheure Capitalzerstörung, welche er bedeutet."

Dieser Schluss scheint ungeheuerlich. Aber er hat sich – wie wir wissen – seit 1891 zweimal erfüllt: Zwei „allgemeine europäische Kriege", die man sogar weltweit ausdehnen konnte, haben dem „Sinken des Zinsfußes Halt geboten".

(Aus dem Buch „*Das Geldsyndrom – Wege zu einer krisenfreien Marktwirtschaft*" von Helmut Creutz)

Eigene Anmerkungen:

China kauft die Welt 24

China überschwemmt die Welt nicht mit seiner marxistischen Ideologie (das war eher noch im 20. Jahrhundert zu befürchten), sondern es überschwemmt die ganze Welt mit seinen Waren. Vor allem die westliche Welt ist gierig nach Produkten aller erdenklichen Art aus diesem Land. Sogar Lebensmittel aus China sind sehr gefragt. Warum? Weil China alles in großen Mengen zu kleinsten Preisen produzieren kann (vorläufig noch!). Warum China so billig erzeugen kann, liegt klar auf der Hand: In China gelten bislang kaum Umweltstandards, in China werden keine Gewerkschaften zugelassen, in China gibt es noch keine gerechte Entlohnung, in China müssen auch Kinder zu unzumutbaren Arbeitsbedingungen schuften, in China wird ein staatlich gelenkter Turbokapitalismus betrieben, China ist bereits der größte Ressourcenverbraucher der Welt etc.

Dieses Riesenreich erzielt durch das gigantische Exportgeschäft unglaublich hohe Handelsbilanzüberschüsse. Das vermag sonst kein Land auf der ganzen Welt. Finanziell hängt die USA als größter Schuldner der Welt schon längst am Gängelband der Großmacht China, sind sie doch der weitaus größte Importeur chinesischer Waren und haben sich schon mit mehr als 1 Billion Dollar gegenüber China verschuldet.

Mit seinem gigantischen Devisenüberschuss von unvorstellbaren 3 Billionen Dollar aus dem florierenden Welthandel geht China auf Einkaufstour in die ganze Welt. Das rohstoffhungrige China interessiert sich vor allem für die riesigen Bodenschätze in Afrika und Lateinamerika und kauft sich dort ungehindert ein. Nach Rohstoffen stehen vermehrt Handelsmarken aus dem Westen auf der Einkaufsliste. Kanadischer Ölsand, brasilianisches Zuckerrohr, Banken, Übernahme westlicher Firmen und Unternehmen, die Zugriffe auf Rohstoffe haben. Und noch etwas machen die Chinesen: Sie kaufen immer schneller die weltweiten Goldvorräte auf. 2011 waren es rund 490 Tonnen (doppelt so viel wie 2010). Den Grund hierfür nennen sie ganz unverblümt: Sie halten keine Währung der Welt mehr für sicher – außer Gold. Die

schlauen und vorsichtigen Chinesen verstehen es, sich vor allem die eher wertlosen Dollarreserven rechtzeitig vergolden zu lassen.
Die Ambitionen des gelben Riesen sind nicht bloß Rohstoffe – heute stehen Technologien und Handelsmarken im Fokus, die den langwierigen Aufbau einer Marke ersparen. Die große Strategie: Marken und Multis werden aufgekauft. China ist also nicht mehr nur die Werkbank der Welt für beschäftigungsintensive Massengüter mit dem riesigen Reservoir an billigen Arbeitskräften. Denn man will auf Dauer nicht akzeptieren, dass ein Markenturnschuh in China um ein paar Euro produziert werden soll und in Europa und Amerika um 95 Euro verkauft wird.
China ist bereits die zweitgrößte Wirtschaftsmacht der Welt (es hat Japan überholt), und wenn es mit den erfolgreichen Exportgeschäften so weitergeht, ist es nur mehr eine Frage der Zeit, wann China überhaupt die größte Wirtschaftsmacht auf unserem Globus sein wird. China ist also auf dem besten Weg, mit seinen astronomischen Handelsbilanzüberschüssen die „ganze Welt zu kaufen“. Dann bräuchte China nur noch seine Ideologie an den korrupten Weltkapitalismus zu verkaufen. Ist das die „Gelbe Gefahr“, von der schon unsere Großväter gesprochen haben? Das Ziel Chinas besteht ohne Zweifel darin, die Wirtschaftswelt zu erobern.
So erfreulich es für den Konsumenten ist, Qualitätsprodukte aus China zu billigen Preisen zu bekommen, so sollte auch die Kehrseite der Medaille betrachtet werden. Die großen Gewinner im Handelsgeschäft mit China sind nämlich mit Abstand die Weltkonzerne, die dabei richtig absahnen.

Was kann man da machen?

Halten wir uns beim Kauf chinesischer Waren immer eines vor Augen: Die Standards der westlichen Hemisphäre, was Produktionsbedingungen, Menschenrechte, Ressourcenverbrauch, Umweltauflagen etc. betrifft, gelten in China nicht oder nur sehr beschränkt und die größten Nutznießer in dieser Kette sind die profitgierigen Weltkonzerne. Denen bzw. ihren Aktionären ist es völlig egal, dass damit abertausende Arbeitsplätze bei uns in Europa und Amerika verloren gehen.

PORTUGAL VERKAUFT STAATSEIGENTUM CHINESEN GREIFEN ZU

Portugal kommt bei den von EU und IWF geforderten Privatisierungen voran. Dank des Interesses chinesischer Konzerne habe die Regierung in Lissabon bereits mehr als drei der geforderten fünf Milliarden Euro eingenommen, erklärte Finanzminister Vitor Gaspar gestern.
Ausländische Investoren schielen dabei vor allen auf den Energiesektor des Landes, das wegen seiner hohen Verschuldung am Tropf internationaler Geldgeber hängt. So übernehmen China State Grid und Oman Oil nach Angaben der Regierung für rund 592 Millionen Euro 40 Prozent des Energienetzbetreibers REN. Im Dezember kaufte der chinesische Konzern Drei Schluchten 21 Prozent am Energieversorger EDP für 2,7 Milliarden Euro.
Portugiesische Konzerne machen besonders viele Geschäfte in den früheren Kolonien wie Brasilien und Angola. Das macht sie für die Volksrepublik interessant, die ihre Geschäfte dort ausbreiten wollen.

(Aus NEWS ORF.at vom 23. Feber 2012)

Eigene Anmerkungen:

Wann kommt der Aufstand der Frauen? 25

An den Schalthebeln der globalen Machtstrukturen sitzen nach wie vor die Männer. Ob dies (von wenigen Ausnahmen abgesehen) in der Politik, in der Wirtschaft, in der Finanzwelt oder auch in den Kirchen ist: Überall sitzen Männer fest im Sattel. Man hat auch den Eindruck, dass sie diese Vormachtstellung mit Zähnen und Klauen zu verteidigen wissen. Es gibt da eine sehr zutreffende Aussage: *„Die Frauen von heute sind ein Problem für die Männer von gestern."* (Alberto Moravia)

Einige Beispiele der Frauendiskriminierung: In Österreich verdienen Frauen mit der gleichen Ausbildung und mit der gleichen Tätigkeit wie Männer im Schnitt um 40 % weniger. Österreich ist damit ziemlich der Spitzenreiter in Europa. Besonders schmerzlich ist es, dass auch manche Kirchen den Frauen ihren gebührenden Stellenwert verweigern und sie von gewissen Ämtern und Tätigkeiten ausschließen. Auf die Bibel kann sich da beispielsweise die römisch-katholische Kirche nicht berufen. Das hat die Amtskirche nachträglich eingeführt. Nur halbherzig und viel zu langsam wird diese Ungleichbehandlung gelockert. Es muss auch einmal gesagt werden, dass die Kirchen bzw. die Pfarren ohne der vielen unentgeltlichen Tätigkeiten der Frauen „zusperren" könnten. Auch in der Werbebranche müssen vorwiegend Frauen herhalten. Die Werbemacher können ohne Frauen überhaupt nichts mehr ausrichten. Neben der grundsätzlichen Begehrlichkeit als Frau soll mit ihr auch die Begehrlichkeit auf alle Produkte, vom Auto bis zur Zahnpaste, geweckt werden. Dem ist ja grundsätzlich nichts entgegenzuhalten. Aber wenn schon auf diesem Gebiet die Frauen unentbehrlich sind, dann sollte ihnen auch in allen anderen Bereichen des Lebens mehr Aufmerksamkeit und Gerechtigkeit gezollt werden. Es ist unbestritten, dass die Frauen für die Gesellschaft, für die Wirtschaft, für die Familien und für die Kirchen Großartiges leisten. Es ist andererseits ebenfalls unbestritten, dass durch die alleinige Männerherrschaft schon unendlich viel Leid und Elend über die Menschheit gekommen ist. Denken wir nur an die vielen Kriege. Von wem wurden sie angezettelt? Nur von Männern!

Dass die Benachteiligung von Frauen ursächlich mit Macht und Geld zusammenhängt, soll folgendes Beispiel verdeutlichen:

Im Hochmittelalter (11. bis 13. Jh.) kam es in weiten Teilen Deutschlands zu einer wirtschaftlichen und kulturellen Hochblüte. Grundlage für diesen allgemeinen Wohlstand war die Einführung eines zinsenlosen und umlaufgesicherten Zahlungsmittels, dem Brakteatengeld. Unter diesen Rahmenbedingungen emanzipierten sich die Frauen. Sie konnten sich aus der Vormundschaft durch den Mann lösen und entwickelten eine größere Eigenständigkeit. Das passte jedoch nicht in das Weltbild des Mannes. Die männliche Gegenmacht trat zum Kampf gegen die Frauen in Form der Inquisition an. In der Zeit zwischen dem 12. und 17. Jahrhundert wurden Millionen Frauen auf die schrecklichste Art und Weise umgebracht.

Solange das weibliche Geschlecht sogar in der zivilisierten Welt benachteiligt, ausgebeutet, gedemütigt, geschlagen, erniedrigt und missbraucht wird, ist ein Nebeneinander auf gleicher Augenhöhe Utopie.

Hierzu: „*Die Macht der Männer ist die Geduld der Frauen*" (Kinofilm von Christina Perincioli).

Was kann man da machen?

Leider gibt es für Frauenrechte keine eigene Gewerkschaft, die dafür kämpfen könnte. Dieses Grundrecht ist aber immer wieder einzufordern und diese Aufgabe darf nicht nur Frauenrechtlerinnen überlassen bleiben. Es müssen auch die Religionen und Kirchen für die Würde und Gleichberechtigung der Frauen verstärkt eintreten, wobei sie sich auf Artikel 2 der von der UNO-Generalversammlung am 10. 12. 1948 beschlossenen Menschenrechts-Charta berufen können. Die Frauen sollten geschlossen, selbstbewusst und energisch der Amtskirche gegenüber auftreten.

Das schwache Geschlecht

Ih für mei Lebm gern wissen mecht,
warum sand d' Fraun des schwache Gschlecht?
Da denk ih hia und da so nach:
Für was sand denn de Frauen zschwach?
Oa Erklärung vielleicht waar:
Se ham zweng Kraft, se hebm net schwaa.
Na, des kanns ja doh net sei,
so was glaubm, des waar net sche.
Vielleicht is' doh de andre Sach,
de ma sagt den Frauen nach:
Schwach dass manche Frauen wern,
wanns an Mann sehgn oder hern.
Na, des glaub ih ah net recht.
d' Manna sands, se dengan schlecht.
Was anders is', des kennt leicht sei.
Ih glaub, ih habs, es is' des schrei.
Ih scho den Verdacht hernimm,
Se ham a vü zu schwache Stimm.
A Mann sih eher traut,
schrein als wia und furchtbar laut.
A Frau, ih moan, des anders macht.
Sie redt doh meist mit mehr Bedacht.
Oder sands so schwach de Fraun,
dass sie sih net mehr zuatraun?
Ih kennt mirs vorstelln und bült mirs ein,
des wird de wahre Ursach sei.
Mehr Selbstvertraun den Frauen fehlt,
sunst waads lengst gscheida auf da Welt.
Es is' ja allgemein bekannt,
ah zschwach sand d'Fraun fürs Kirchnamt.
Weu in da Kirchn, wia ma hern,
hätts ganz obm da Papst net gern.
Er sagt, da Jesus hats net wolln.
Ob ma eahm des glaubm solln?
Doh nuh was, wann ih denk so nach,
vielleicht verdienan d' Frauen zschwach?
Siagst, da hab ih d'Wahrheit troffn.
Daß besser wird, ma kanns nur hoffn.
Jetzt is' halt so, ih nenns beim Nam:
Weu d'Frauen koa Gewerkschaft ham.

Johannes Zittmayr

Eigene Anmerkungen:

Seit Jahrtausenden verkünden die Kirchen die 10 Gebote Gottes. Mit relativ wenig Erfolg, wenn man sich den Gesamtzustand der Welt vor Augen führt. Mehr Erfolg in der Gesetzgebung scheint da den staatlichen Institutionen beschieden zu sein – abgesehen davon, dass immer wieder Gesetzeslücken zum eigenen Vorteil genutzt werden. Machen Sie die Probe aufs Exempel: Gehen Sie alle 10 Gebote Gottes durch und beantworten Sie für sich und für andere den jeweiligen Stellenwert im Leben. Sie werden zu dem Schluss kommen, dass die Einhaltung dieser gottgegebenen klaren Gebote und Verbote völlig genügen würde, um ein friedliches, schönes und glückliches Nebeneinander der Menschen zu garantieren.

Dass dem nicht so ist, daran sind die Kirchen selber nicht ganz unschuldig. Diese verstehen es nicht, diese unabdingbaren Werte zeitgemäß, überzeugend und beispielhaft zu kommunizieren.

In diesem Zusammenhang ist eine sehr schonungslose Aussage des katholischen Theologen, Psychoanalytikers und bekannten Kirchenkritikers Eugen Drewermann interessant:

„Die Kirche als beamtete Institution tut nicht, was Jesus wollte und was die Menschen brauchen – das ist der allgemeine Eindruck; sie verwaltet im Wesentlichen nur noch sich selbst, vor allem ihre beachtlichen Immobilien und Ländereien; sie redet eine unverständlich gewordene Sprache; ihre ‚Gottesdienste' beeindrucken als feierlich kostümierte Langeweile; und nicht zuletzt: Die Kirche scheint zu einer anonymen Behörde entartet, die sich eher an großen Mitgliederzahlen als an den Nöten und Fragen der Einzelnen interessiert zeigt. Mit ihren fertigen dogmatischen Formeln, ausgefeilt in Jahrhunderten, verfügt sie nicht mehr über die Kraft, Menschen in den entscheidenden Fragen des Lebens Halt und Orientierung zu geben."

Den desaströsen Zustand der Welt haben auch die Kirchen mitzuverantworten. Es gibt da ein bezeichnendes Zitat: *„Jesus wollte das Reich Gottes auf Erden und gekommen ist die Kirche."*

Wahrscheinlich würde es in der Welt friedlicher und gerechter zugehen, wenn die Kirchen nicht zumindest zwei ganz fundamentale Fehler begangen hätten. Erstens die Abkehr vom Zinsverbot, welches sie sich selbst und der Gesellschaft über Jahrhunderte hinweg auferlegt hatten. Erst nachdem auch die Religionen die Zinsnahme absegneten (sicher auch aus Eigeninteresse), konnte sich die monetäre Habgier mit all ihren negativen Auswirkungen in globalen Dimensionen entfalten. Und zweitens (zumindest bei der röm.-kath. Kirche) der Ausschluss der Frauen von gewissen liturgischen Funktionen und kirchlichen Entscheidungen. Diese mit nichts zu begründende Abwertung des weiblichen Geschlechts hatte über den innerkirchlichen Bereich hinaus fatale Folgen, da diese klerikale Herabstufung der Frauen sich auch auf andere Bereiche übertrug – vor allem auf die Wirtschaft und die Politik. Objektiverweise muss allerdings zugestanden werden, dass sich die offiziellen Kirchenvertreter in einer gewissen Zwickmühle befinden: Es gibt ein über Jahrhunderte hindurch gewachsenes Kirchenrecht und diesem Kirchenrecht fühlen sie sich in erster Linie verpflichtet. bzw. wurden vielleicht sogar auf dieses Kirchenrecht vereidigt. Trotzdem: Das Recht hat dem Menschen zu dienen und nicht umgekehrt. Bestehendes Recht muss nicht immer gerecht sein und das ist in der kirchenrechtlichen Frauenfrage zweifellos der Fall. Es kann und darf nicht geleugnet werden: Mit der rechtlichen Diskriminierung der Frauen schon über Jahrhunderte hinweg sind ganz wesentliche frauliche Komponenten des Menschsseins, die ein gewisses Pendant zu den männlichen Prinzipien darstellen, unterdrückt worden.

Was kann man da machen?

Da die Amtskirchen kaum noch die Autorität, den Willen und die Kraft besitzen, den notwendigen Wertewandel herbeizuführen, formieren sich Millionen gleichgesinnter Menschen auf der ganzen Welt gleichsam als eine Familie auch unter Zuhilfenahme modernster Kommunikationstechnik (Internet) und werden möglicherweise in absehbarer Zeit das erreichen, was den Kirchen in Jahrhunderten nicht gelungen ist: Die Schaffung einer besseren Welt!

EINSATZ FÜR WELTWEITE GERECHTIGKEIT

Aufgaben für die Kirchen

- Die Kirchen sind aufgerufen, mehr Mittel als bisher für Bewusstseinsbildung zu Fragen der internationalen Politik und mehr Ressourcen für die Mitgestaltung internationaler Vorgänge bereitzustellen. (274)

- Die christlichen Kirchen in Österreich erhöhen die Ausgaben für Entwicklungsförderung und Mission durch einen verbindlichen Stufenplan. Der Ökumenische Rat der Kirchen richtet dazu eine Arbeitsgruppe ein, um Ziele, Ausmaß und Zeitplanung abzustimmen. (275)

- Die christlichen Kirchen lenken die Aufmerksamkeit ihrer Mitglieder auf globale Vorgänge und laden sie ein, sich auch an den entsprechenden Initiativen zu beteiligen. (276)

- Die christlichen Kirchen setzen sich im Rahmen ihrer Möglichkeiten für einen Reformprozess innerhalb internationaler Institutionen ein und unterstützen eine Neupositionierung der UNO. (277)

- Die Kirchen treten für einen Demokratisierungsprozess auf internationaler Ebene ein, der die wirtschaftlich benachteiligten Länder stärkt und die verschiedenen Nicht-Regierungs-Organisationen in die Entscheidungsvorgänge einbindet. (278)

(Auszug aus dem Sozialwort des Ökumenischen Rates der Kirchen in Österreich, das im Advent 2003 von 14 christlichen Kirchen in Österreich gemeinsam veröffentlicht worden ist und versucht, aus christlicher Sicht wichtige Impulse zu gesellschaftspolitischen Themen zu geben).

Eigene Anmerkungen:

Ein menschenrechtswidriges Geldsystem? 27

Am 10. Dezember 1948 verabschiedete die Generalversammlung der Vereinten Nationen die „Allgemeine Erklärung der Menschenrechte". Anlässlich des 60-Jahr-Jubiläums verfasste zum Tag der Menschenrechte am 9. Dezember 2008 die *„Arbeitsgemeinschaft Gerecht Wirtschaften für Frieden und Bewahrung der Schöpfung"* sowie der *„Arbeitskreis Gerecht Wirtschaften"* von Pax Christi Österreich eine Stellungnahme, worin dringend ein geldpolitischer Paradigmenwechsel gefordert wird, zumal das heutige Geldsystem schwere menschenrechtswidrige Aspekte in seiner Grundstruktur aufweist. Zu dieser Überzeugung ist schon vor mehr als 20 Jahren der Augsburger Jurist Univ. Prov. Dieter Suhr auf Grund seiner verfassungsrechtlichen Untersuchungen zur Geld- und Währungsordnung gekommen. Er ist der Überzeugung, dass alleine schon die Auswirkungen des Zinseszinsmechanismus die Grundrechte auf Freiheit, Gleichheit und Eigentum des Großteils der Bevölkerung bedenklich behindert.

In der zitierten Stellungnahme wird dargelegt, dass das heutige Geldsystem durch eine große Komplexität seiner Probleme gekennzeichnet ist, die u. a. durch eine mangelhafte und ungerechte Regulierung der Finanzmärkte, durch die multiple Kreditschöpfung und den Zinseszins als geldpolitisches Steuerungselement verursacht werden. Die hervorstechendsten negativen Auswirkungen sind die gigantischen Schuldenberge, die gefährlichen Spekulationsmöglichkeiten, die Umverteilung von Geldvermögen von den Ärmeren zu den Reichen und der damit zusammenhängende Wachstumszwang der Wirtschaft. Die Mängel in dieser Grundstruktur der Geldordnung führen zwangsläufig immer wieder zu kleineren und größeren Zusammenbrüchen. *„Die aktuelle Krise könnte bereits die Vorhut eines finanziellen und wirtschaftlichen Crashs von globalem Ausmaß sein, der von Kritikern seit Langem vorhergesagt wird"*, führen die Initiatoren in ihrer Stellungnahme weiter aus. Beklagt wird in dieser Erklärung zum Tag der Menschenrechte, dass

die Forschung an Alternativen bislang leider erst von wenigen Wissenschaftlern wahrgenommen wird …
Zukunftsweisend erscheinen den Initiatoren beispielsweise die Vorschläge des Ökonomen Richard Douthwaite, der in seiner Schrift „*Ecology of Money*" aufzeigt, dass unterschiedliche Arten von Geld unterschiedliche Auswirkungen in Wirtschaft und Gesellschaft haben. Er stellt ein Zusammenspiel von vier verschiedenartig konzipierten, zinseszinsfreien Währungssystemen zur Diskussion, die den unterschiedlichen Bedürfnissen auf regionaler, nationaler und globaler Ebene gerecht werden sollen.

Um die dringend notwendige theoretische und praktische wissenschaftliche Arbeit in Alternativen im Bereich des Geldwesens möglichst schnell voranzubringen, wird von den Initiatoren die europaweite Schaffung von einschlägigen, gut dotierten interdisziplinären Akademien oder universitären Einrichtungen vorgeschlagen. Diese könnten wertvolle Vorarbeiten für künftige Weltwährungskonferenzen leisten, damit bei einer Neuordnung der internationalen Finanzarchitektur nicht zu viele der alten Fehler wiederholt werden. ***„Zukünftige Generationen werden kein Verständnis dafür haben, wenn heute angesichts der bedrohlichen Situation weiterhin nur Symptombekämpfung betrieben wird, statt sich mit den Wurzeln der Probleme auseinander zu setzen"*** – so das abschließende Statement in dieser Stellungnahme.

Was kann man da machen?

Wenn Sie nähere Informationen zu dieser „*Geldordnungs-Erklärung*" haben möchten, dann wenden Sie sich bitte an:
Dr. Marianne Schallhans, www.arge-gerecht-wirtschaften.at
E-Mail: f.m.schallhans@utanet.at – bzw. an
Dr. Michael Striebel, www.paxchrist.at
E-Mail: michael.striebel@gmx.at

Auszug aus dem

UNO-Menschenrechts-Abkommen 1948
Artikel 23

Recht auf Arbeit und gleichen Lohn, Koalitionsfreiheit

1. Jeder Mensch hat das Recht auf Arbeit, auf freie Berufswahl, auf angemessene und befriedigende Arbeitsbedingungen sowie auf Schutz gegen Arbeitslosigkeit.

2. Alle Menschen haben ohne jede unterschiedliche Behandlung das Recht auf gleichen Lohn für gleiche Arbeit.

3. Jeder Mensch, der arbeitet, hat das Recht auf angemessene und befriedigende Entlohnung, die ihm und seiner Familie eine der menschlichen Würde entsprechende Existenz sichert und die, wenn nötig, durch andere soziale Schutzmaßnahmen zu ergänzen ist.

4. Jeder Mensch hat das Recht, zum Schutze seiner Interessen Berufsvereinigungen zu bilden und solchen beizutreten.

Eigene Anmerkungen:

Jesu Zorn (Ev. Johannes 2, 13 – 25) **28**

Nur einmal ist Jesus richtig wütend geworden.
Und das ausgerechnet in einer Kirche, im Tempel.
Als er an jenem Nachmittag dorthin kam,
um zu beten, sah er die Priester, die Kaufleute,
die Viehhändler, die Geldwechsler,
die Straßenverkäufer, die Profitmacher
und die Wucherer; er sah die Reichen
mit ihren gemästeten Opfertieren,
und die Armen sah er,
die Witwen und Waisen mit ihren Tauben.
Da erwachte in ihm die Erinnerung an seine Mutter
und an Josef, die damals vor dreißig Jahren
in den Tempel gekommen waren mit ihm
und einer Taube, der Opfergabe der Armen.
Er erinnerte sich,
was seine Mutter ihm erzählt hatte,
wie schwierig es gewesen sei,
das Geld zu bekommen für diesen Vogel,
und wie kühl man sie behandelt habe.
Er hörte den Lärm,
das Geschrei und Gehechel, klirrende Münzen,
Gezeter, Gefeilsche und Prahlerei.
Da wurde er böse, richtig wütend.
Er nahm seinen Gürtel als Peitsche
und jagte sie alle aus dem Tempel.
Die Rinder band er los
und schlug ihnen auf die Schenkel,
so dass sie davonrannten.
Er öffnete die Käfige,
und die Tauben flogen davon
weit in den Himmel, wohin sie gehörten;

Münzen – Hände voll warf er in die Rinnsteine;
die Tische der Geldwechsler kippte er um.
Dabei rief er laut:
„Hört damit auf!
Was habt ihr mit dem Haus meines Vaters gemacht?
Verhunzt und beschmutzt,
einen Marktplatz, eine Räuberhöhle!“
Seine Jünger dachten in diesem Moment an einen Psalm,
an Worte vom Eifer für das Haus des Herrn.
Er erinnerte ganz stark
an so viele Propheten vor ihm,
die immer wieder verkündeten, es wiederholten
im Namen Gottes:
„Ich will eure Opfer nicht,
ich will keine Schafe und Ochsen.
Ich will nicht eure Früchte, nicht euer Geplärre.
Ich mag sie nicht, eure Lieder und Hallelujas.
Gerechtigkeit will ich und Recht,
Freude und Gesundheit
und Leben für alle Menschen.
Das ist der Gottesdienst
und die Anbetung, wie ich sie will.
Kinder sind das Heiligtum, das ich errichtet habe.“
Und in seinem Zorn schrie er sie an:
„Ihr habt dieses Heiligtum zerstört,
ihr Heuchler, ihre Parasiten!
Ich aber werde es wieder aufbauen in drei Tagen.
Wartet ab, ihr werdet es erleben.“
Er sprach von seinem Leib,
er sprach von uns – von uns allen.

(Aus dem Buch „*So einfach ist das Evangelium*“
von Joseph G. Donders)

Wie war das Verhältnis Jesus von Nazareth zum Geld?

Es herrscht die Auffassung vor, dass er dem Mammon total abhold war und alle Finanzgeschäfte ganz unzweideutig und rigoros verdammt habe. Weit gefehlt!
Gegen einen gerechten Umgang mit Geld und Mitwirkung im Wirtschaftsleben hatten Jesus und die Pharisäer (der ja einer von ihnen war) nichts einzuwenden – unter der Bedingung allerdings, dass die Fürsorge für die Randsiedler der Gesellschaft dabei nie zu kurz kommen dürfe …
Wogegen alle Rabbiner vehement zu Felde zogen, war finanzielle Korruption, Habgier, Geiz und Neid.
Eine in weiten christlichen Kreisen missverstandene Aussage Jesu ist seine angebliche Empfehlung, sorglos zu sein wie die Vögel des Himmels und in den Tag hinein zu leben wie die Lilien des Feldes (Mt 6) …
Aus all seinen Gleichnissen spricht eine große Liebe für die Schöpfung und genaue Kenntnis der Natur. Er wusste so gut wie wir alle, dass die Vögel sehr eifrig und emsig für den morgigen Tag sorgen, indem sie beispielsweise ihre Nester mühselig Halm um Halm vorbereiten und bauen. Was meinte Jesus also mit diesem Bilde?
‚Nestbauen' schon, aber keine Zweit- und Dritt-Nester!
Von einem In-den-Tag-hinein-Leben kann keine Rede sein; aber auch nicht vom gierigen ‚Hamstern'.

(Aus dem Buch „*Jesus, das Geld und der Weltfrieden*"
von Prof. Dr. Pinchas Lapide)

Eigene Anmerkungen:

Im Laufe der Geschichte haben viele politische und religiöse Führer, wie Moses, Aristoteles, Jesus, Mohammed, Luther, Zwingli und Gandhi das Zinsnehmen verurteilt und als schweres moralisches Vergehen gebrandmarkt. In allen Epochen haben sich nämlich habgierige Geldverleiher zu Lasten der Armen ungemein bereichert. Es traten daher immer wieder Mahner auf, die durch entsprechende Hinweise und Verbote des Zinsnehmens versuchten, die soziale Ungerechtigkeit, die der Bezug von Zinsen verursacht, zu verhindern.
So steht in 2. Moses 22,25: „Wenn du deinem Bruder, einem Armen, Geld leihst, so sollst du ihm gegenüber nicht wie ein Wucherer handeln. Du sollst keinerlei Zinsen von ihm nehmen."
Bemerkenswert ist die Stellungnahme des griechischen Philosophen Aristoteles zum Zinsnehmen, da diese Aussage das heutige Geldproblem genau auf den Punkt bringt: ***„Der Wucherer ist mit vollstem Recht verhasst, weil das Geld hier selbst die Quelle des Erwerbs ist und nicht dazu gebraucht wird, wozu es erfunden ward. Denn für den Warenaustausch entstand es, der Zins aber macht aus Geld mehr Geld … Der Zins aber ist Geld vom Geld, so dass er von allen Erwerbszweigen der Naturwidrigste ist"*** (Politik I,3).
Die drei größten Weltreligionen haben das Zinsnehmen auf Geld als verdammenswerten Wucher gebrandmarkt. So kämpfte beispielsweise die Katholische Kirche bis in das 19. Jahrhundert an vorderster Front gegen *„die Sünde des Wuchers"*. Die Liste der Konzile, auf denen das Zinsnehmen als eine besonders schwere Sünde verdammt wurde, ist eindrucksvoll.
Im Islam ist das Zinsverbot nach den Vorschriften des Koran zentraler Bestandteil der Religion. Der Islam verdammt den Wucher umfassender: *„Und das ihr auf Wucher ausleiht, um es zu vermehren mit dem Gut der Menschen, das soll sich nicht vermehren bei Allah"* (Koran, 30. Sure 38). Trotz dieser eindeutigen Weisung gibt es in der Praxis eine Vielzahl von Kniffen, um die Schari'a-Bestimmungen zu umgehen.

Da auch die mittelalterliche Wirtschaft Europas nicht ohne den Geldverleih auskommen konnte, wurde im Jahre 1179 durch Papst Alexander III. den jüdischen Gemeinden das Recht zugestanden, Geld gegen Zins zu verleihen. Die Juden erhielten zwar damit eine lukrative Einnahmequelle, aber sie wurden bald als Wucherer stigmatisiert; es kamen wegen ihrer Wohlstandsmehrung Neid- und letztlich Hassgefühle auf. Die Verbindung aus christlich moralischer Überlegenheit und persönlichem Neid bildete den Nährboden für die Judenverfolgungen.
Die Industrialisierung im 19. Jh. und der Siegeszug des Kapitalismus veranlasste jedoch zahlreiche katholische Moraltheologen, das Zinsnehmen zu rechtfertigen. Man beruft sich auf das *„moderne sittliche Bewusstsein"* und darauf, dass der Zins förderlich sei für Handel und Verkehr. Die tragischen Folgen dieses Sinneswandels waren damals nicht vorhersehbar.
Mit dem Kanonischen Gesetz aus dem Jahre 1917 wurden die Bischöfe angehalten, *„überschüssige Gelder soweit als möglich zum Nutzen der Kirche fruchtbringend anzulegen"*. Der sündhafte Wucher gilt nicht mehr auf Zinsnehmen im Allgemeinen, sondern nur bei Verrechnung überhöhter Zinsen. Es konnte allerdings niemand ahnen, dass sich das „Tauschmittel" Geld von der realen Wirtschaft abkoppeln und nur mehr bestrebt sein würde, sich selbst zu vermehren – was allerdings Aristoteles (384 – 322 v. Chr.) schon damals behauptet hat.

Was kann man da machen?

Schreiben Sie an das Generalsekretariat der
Österreichischen Bischofskonferenz, 1010 Wien, Rotenturmstraße 2, E-Mail: sekretariat@bischofskonferenz.at und verlangen Sie Aufklärung darüber, wie kirchenrechtlich das „Zinsnehmen" heute beurteilt wird. Fragen Sie die Bischöfe, ob es denkbar wäre, dass das biblische Zinsverbot angesichts der verheerenden Folgen des derzeit herrschenden Geldsystems wieder reaktiviert werden könnte.

Das Verbot des Zinses
ist nicht bloß eine einzelne
wirtschaftlich-soziale Maßregel,
sondern ein gewaltiges Prinzip:
die Verhinderung der Geldherrschaft.
In diesem Sinne geht das Zinsverbot
durch die christliche Kultur.
Es gilt in der ganzen altchristlichen Zeit
und im ganzen Mittelalter:
Zinsnehmen bleibt Wucher.
Erst die kirchliche Reformation und die
weltliche Renaissance heben das Zinsverbot
auf und öffnen damit jener Entwicklung
zum Kapitalismus die Bahn,
welche die Geldherrschaft
zuletzt auf den Gipfel bringt,
Gott und den Menschen durch den
Mammon verdrängend.
Es ist ein Erwachen der Revolution
des Mose, wenn die Freigeldbewegung wieder
das Zinsproblem im Sinne der Beseitigung
des Zinses auf den Leuchter gestellt hat.

(Aus: Prof. Dr. theol. Leonhard Ragaz
„*Die Bibel – eine Deutung*“, Band 2, Zürich 1947)

Eigene Anmerkungen:

Christliche Stimmen zum Zins 30

Die warnenden Stimmen vor der zerstörerischen Kraft eines Geldsystems, welches sich durch den exponentiellen Zinseszins-Effekt bis zum unausweichlichen Zusammenbruch aufschaukelt, nehmen seit einigen Jahren massiv zu. Vor allem aus dem „christlichen Eck" kommen Aufrufe zur Umkehr – und zwar viel deutlicher als es die offizielle Kirche tut. Theologische Stellungnahmen zur Problematik von Geld, Zins und Bodeneigentum sind auf der Website www.silvio-gesell.de nachzulesen. Hier einige Auszüge davon:

Wilhelm Haller:
„Wie der Krankheitsherd der internationalen Schuldenkrise jedem Einsichtigen deutlich macht, muss auch die Frage nach der Berechtigung des Anspruchs auf Geldvermehrung durch Zins und Zinseszins gestellt werden. … Das Prinzip von Zins und Zinseszins, das die Grundlage unseres ganzen Geld-, Kapital- und Finanzsystems liefert, führt immer dann zu exponentiellem Wachstum von Geldvermögen einerseits und Schulden andererseits, wenn einerseits die Besitzer von Geldvermögen mehr Zinsen einnehmen als sie verbrauchen, so dass auch der Zins wieder zinsbringend angelegt werden kann und muss, und andererseits die Schuldner mehr Zinsen zahlen müssen als sie trotz Einschränkung des Lebensstandards aufzubringen imstande sind, so dass die nicht bezahlten Zinsen den Schulden zugeschlagen und damit selbst zinspflichtig werden …"

Prof. Dr. Leonhard Ragaz:
„Das Verbot des Zinses ist nicht bloß eine einzelne wirtschaftlich-soziale Maßregel, sondern ein gewaltiges Prinzip: die Verhinderung der Geldherrschaft. In diesem Sinne geht das Zinsverbot durch die christliche Kultur. … Es gilt in der ganzen altchristlichen Zeit und im Mittelalter: Zinsnehmen bleibt Wucher. Erst die kirchliche Reformation und die weltliche Renaissance heben das Zinsverbot auf und öffnen damit jener Entwicklung zum Kapitalismus die Bahn, welche die Geldherrschaft zuletzt auf den Gipfel bringt, Gott und den Menschen durch den Mammon verdrängend…"

Prof. Dr. Johannes Ude:
„... Wer also für die ausbeutungsfreie Wirtschaft einsteht, und dafür soll doch jeder Christ einstehen, der kommt nach unserer Überzeugung um das Freigeld nicht herum. ... Die Freiwirtschaftslehre ist also gesellschaftlich, wirtschaftlich und kulturell von geradezu grundlegender Bedeutung."

Prof. Dr. Eugen Drewermann:
„Geld und Zins ‚arbeiten' gemeinsam zugunsten der Besitzenden ... es kommt jetzt darauf an, das Geld zu sich selbst zu erlösen, ihm seine menschenversklavende, dämonische Kraft zu nehmen und man es entschieden auf das reduziert, als was es ausgegeben wird: ein gesetzlich festgelegtes öffentliches Zahlungsmittel zu sein, in dem sich die unterschiedlichen Werte von Waren gegeneinander verrechnen lassen. ...
Die Tatsache liegt offen zutage: es sind die Staaten des kapitalistischen Wirtschaftssystems selber, die allein schon aufgrund ihrer horrenden Überschuldung das Zinssystem nicht mehr tragen können, von dem sie selbst zu profitieren glaubten ..."

Carl Amery:
„Es gilt, das Geld von seinem Status als Absolutum, als Sakrament zu befreien, es wieder zu einem nüchternen Werkzeug zu machen. ... Das globale Finanzwesen ist nach einem ebenso alten wie ruchlosen Prinzip organisiert: dem Prinzip des Zinseszinses. Jeder Hauptschüler mit Taschenrechner kann sofort feststellen, dass dieses Prinzip weltmörderisch ist. Seine Aggressivität ist sozusagen eingebaut. ... Dieses Geldsystem wird als selbstverständlich betrachtet. Aber das ist es keineswegs. Es gibt bargeldlose Tauschsysteme; es gibt Rabattsysteme. Es gibt Notgeld wie die Creditos im krisengeschüttelten Argentinien. Und es gibt darüber hinaus theoretische, ja sogar praktisch erprobte Ansätze, die auf einer gänzlich anderen Perspektive beruhen: Alterndes Geld würde sich abnützen und an Wert verlieren. Es war der Deutschargentinier Silvio Gesell, der diese Theorie systematisch durchdachte. Die krisengeschüttelte Zwischenkriegszeit zwischen 1920 und 1930 sah dann zwei praktische Erprobungen. Beide haben sich durchaus bewährt. ... Wörgls Freigeld wurde von der Wiener Staatsbank zu Fall gebracht – Mammon lässt seiner nicht spotten."

Prof. Dr. Hans Kessler:

„… Ein entscheidender Knackpunkt in dem ganzen Problemknäuel von Wirtschaft – Umwelt – Umverteilung ist das System von Zins und Zinseszins. Es setzt die Wirtschaft unter einen ständigen Druck zu endloser Expansion und Profitmaximierung. …
Die Wurzel des geschilderten Übels liegt in der Fehlstruktur unseres Geldsystems und – im unkritischen Glauben an die Fehlerlosigkeit des Zinses. …
Mit einem sicheren Gespür für Gerechtigkeit und das Wohl des Ganzen verbietet die Bibel das Zinsnehmen, die große christliche Tradition folgt ihr darin (ähnlich der Koran). Erst seit dem 16. Jahrhundert gibt es zunehmende Aufweichungen. … Dieses Abrücken der Kirchen vom Zinsverbot hat den Aufstieg des modernen Kapitalismus entscheidend begünstigt. Es wird höchste Zeit, dass Kirchen und Sozialethiker umkehren und der Öffentlichkeit wieder den Sinn des Zinsverbots ins Bewusstsein bringen, um Gegenkräfte gegen eine aus den Fugen geratene internationale Finanzwelt aufzubauen und Wege zu fördern, die zum Ziel einer umweltverträglicheren (zinsfreien) Marktwirtschaft führen.“

Was kann man da machen?

Obwohl unser neoliberaler Finanzkapitalismus die Welt in immer größere Probleme stürzt, tut die Politik so, als ob dieses Geldsystem im Prinzip das einzig richtige ist und nur gewisse Korrekturen notwendig wären. Damit negiert die Politik alle Berichte und Beschwörungen zahlreicher Real-Experten und objektiver Wirtschaftsforscher. Von der Politik, die ganz am Gängelband der Hochfinanz hängt, ist ein Paradigmenwechsel nicht zu erwarten.
Es gibt somit nur eine Lösung: Das ganze Volk muss in den Chor der immer zahlreicher werdenden Mahner einstimmen und sich für diesen Zweck eines Instrumentariums bedienen, dass derzeit die größte Macht ausüben kann: Das Internet. Es ermöglicht über die verschiedensten Plattformen die spontane Vernetzung von hunderttausenden gleichgesinnten Menschen.

Eigene Anmerkungen:

Wenn Sie sich die Mühe machen und im Internet nach Einträgen zum Thema *„Zins und Zinseszins“* suchen, dann kommen Sie aus dem Staunen nicht mehr heraus und Sie werden sich die Frage stellen: *„Wie ist es möglich, dass es den Zins, den offensichtlichen Hauptverursacher aller Probleme dieser Welt, überhaupt noch gibt?“* Diese Frage ist leicht beantwortet: Die Profiteure und Befürworter unseres Zinsgeld-Systems sind so überlegen, mächtig und überzeugungsstark, dass eine Abschaffung des Zinses bislang undenkbar war. Außerdem kommt hinzu, dass der Großteil der Bevölkerung den Zins als gerechtfertigten „Kaufpreis“ für ausgeliehenes Geld ansieht. Es muss jedoch den Kirchen als großes Versäumnis und Versagen angerechnet werden, dass sie nicht schon längst offiziell und mit Nachdruck den Zins als Hauptverantwortlichen allen Übels an den Pranger gestellt haben, so wie sie es bis ins 19. Jh. ganz deutlich und hochoffiziell gemacht haben.

Trotzdem: Die Gegenstimmen werden angesichts der sich immer mehr abzeichnenden verheerenden Folgen des herrschenden Geldsystems aus allen Ecken und Enden anhaltend lauter und unüberhörbarer.

Solch kritische Stimmen können Sie beispielsweise aus den Internet-Einträgen heraushören:

„Vom Unsinn und den Verbrechen des Zinses, dem Hauptverursacher der Kriege und Revolutionen“ betitelt sich ein im Januar 1998 ins Netz gestellter Artikel (Autor „Theseus“) von Wolfgang Roehrig. Hier einige Auszüge davon:

„… Das Geld wurde als Tauschmittel geschaffen und ermöglicht damit unsere reichhaltige Wirtschaft. Der Zins hingegen, ebenfalls eine uralte Erfindung, ist der dämonischen Wirkung nach wahrscheinlich vom Teufel selbst. Keine andere Erfindung hat solches Unglück geschaffen. Durch den Zins verliert das Geld seine Eigenschaft als Grundlage der Arbeitsleistung des Einzelnen. Der Zins ermöglicht, dass der Zinszahler Arbeitsleistungen, der Zinsnehmer aber keine Arbeitsleistungen vollbringt. Der Zinsnehmer lässt den Zinszahler für sich arbeiten, während er selber nichts tut, selbst-

verständlich nur soweit der Zinsbetrag in Betracht kommt. Eine der größten Illusionen ist, dass auch der kleine Zinsbezüger einen Vorteil von diesem System habe. Was heute der kleine Zinsbezüger bezieht, wird ihm hundertfach wieder genommen in Form von viel zu hohen Wohnungsmieten, Nahrungs- und Kleiderpreisen und viel zu kleinen Löhnen. Nur der große Zinsbezüger lebt ganz von den Zinsen, vom arbeitslosen Einkommen, mit anderen Worten, er zwingt andere Arbeitende, dass diese für ihn arbeiten, während er selbst nichts tut."

„... Es ist aber mehr als Unsinn, es ist ein Verbrechen, wenn akademisch gebildete Nationalökonomen uns vorschwatzen, der Zins wirke belebend auf die Volkswirtschaft, während der Zins in Wirklichkeit nur vergiftend, lähmend, abtötend wirkt. Es ist ein Verbrechen, wenn Millionen fleißiger und tüchtiger Menschen keine Arbeit bekommen können, bloß weil der Zins unzählige Arbeitsmöglichkeiten verhindert."

Letztendlich zieht der Autor folgenden Schluss:

„Eine Geldreform würde bewirken, dass sich die Menschheit zuerst einmal an den Kopf greifen würde und fast nicht glauben könnte, dass eine Änderung der wichtigsten Erfindung der Menschheit, nämlich des Geldes, so leicht zu machen war. Und man würde nicht mehr glauben wollen, dass wir uns von der heutigen Fehlkonstruktion des Geldes solange quälen und ängstigen ließen ..."

Was kann man da machen?

Wie schon erwähnt – es ist einiges in Bewegung in Richtung Abkehr vom Zinssystem. In Ihrem eigenen Interesse: Schließen Sie sich dieser Forderung an, indem Sie hellhörig werden für die Pro- und Kontra-Stimmen zu dieser Materie. Glauben Sie vor allem nicht den Beteuerungen der Politiker und Ökonomen, deren Tenor einzig in Richtung Schuldenabbau auf Kosten der Allgemeinheit geht. Das ist lediglich eine Referenz an die Kapitaleigner. So kann und wird es nicht funktionieren! Das Ziel muss sein: Beseitigung des ungerechten und in Wahrheit menschenrechtswidrigen Geldsystems.

Immer dann,

wenn es in der ökonomischen Realität anders zugeht, als es die Modelle der Wirtschaftsbücher vorschreiben, sollten die Ökonomen, statt in der Rumpelkammer überholter Theorien herumzustöbern, nach den monetären Ursachen der Krise fahnden.

Wilhelm Hankel
(dt. Wirtschaftswissenschaftler
und Währungsspezialist)

Eigene Anmerkungen:

Wir zahlen alle 40 % Zinsen 32

Wenn Sie vielleicht glauben, dass Sie nur dann Zinsen bezahlen müssen, wenn Sie einen Kredit bei einer Bank aufnehmen, dann haben Sie sich leider kräftig getäuscht. Alle Menschen zahlen Zinsen – und sie können dem nicht entrinnen.
Zum einen sind alle Bürgerinnen und Bürger ihrem Staat gegenüber verschuldet. In Österreich derzeit mit mehr als 200 Milliarden Euro. Die hierfür an Banken und sonstige Kapitalgeber zu zahlenden Zinsen betragen jährlich mehr als 8 Milliarden Euro; somit entfallen auf jeden erwerbstätigen Menschen im Land nur alleine an Zinsen 1.900 Euro jährlich. Diese Zinsenlast wird über Steuern, Abgaben, Gebühren etc. „abkassiert".
Zum anderen steckt im Preis aller Produkte, die wir kaufen und aller Dienstleistungen, die wir beanspruchen, ein hoher Anteil an Zinsen drin. Hier haben die Banken eine Transformationsfunktion: Sie nehmen Spareinlagen herein und bezahlen dafür Zinsen. Dieses Geld verleihen sie gegen höhere Zinsen an die Kreditnehmer weiter. Zudem schaffen sie aber viel größere Summen als Kreditgeld „aus dem Nichts" und bekommen dafür ebenfalls Zinsen.
Alle Wirtschaftsunternehmen, die Fremdkapital (Kredite) aufgenommen haben, verrechnen logischerweise diese Kosten weiter und schlagen sie auf die Preise auf. In den Marktpreisen steckt somit ein gehöriger Teil Zinsen, der immer mitbezahlt wird. Das gilt jedoch nicht nur für verschuldete Betriebe. Auch wenn das Unternehmen Eigenkapital besitzt, wird es dieses verzinst haben wollen. Ansonsten könnte es ja dieses Geld bei der Bank verzinslich anlegen.
Wenn wir bei unseren Einkäufen eine magische Brille aufsetzen könnten, die uns den Zinsenanteil an den Preisen sichtbar machen könnte, würden wir unseren Augen nicht trauen. Nun unterscheiden sich die Expertenmeinungen, wie hoch prozentuell dieser Zinskostenaufschlag ist. Bei Verbrauchsgütern wahrscheinlich ca. 10 %, bei anderen Produkten wesentlich mehr und am meisten bei den Wohnungsmieten (bis zu 70 %).

Jedenfalls muss der Konsument bei allem was er kauft, diesen versteckten Zinsanteil mitzahlen und das Geld dafür erarbeiten. Der Käufer muss also einen Teil seiner Arbeitsleistung dafür geben, das jene, die ihr Geld „arbeiten“ lassen, Sparzinsen bzw. andere Kapitalerträge bekommen. Die ProfiteurInnen dieser Zinserträge sind aber nicht die breite Masse der kleinen SparbuchbesitzerInnen, sondern 10 bis 20 % der Bevölkerung, die den Großteil der Zinseinkommen beziehen, weil diese auch den Großteil der Vermögen besitzen. 80 bis 90 % der Bevölkerung verlieren durch das Zinssystem. Warum das so wenigen bewusst ist? Zinsen sind nur „sichtbar“, wenn wir sie auf dem Sparbuch erhalten, aber nicht, wenn wir sie über die Preise bezahlen!
Es gibt übrigens Rechtsexperten, die die Meinung vertreten, dass dieses Zins-Geld-System gegen die Menschenrechte verstößt, da es bewirkt, dass die Schere zwischen Arm und Reich immer mehr auseinanderklafft. So abwegig dürfte diese Behauptung nicht sein, da doch die Weltreligionen ursprünglich das Zinsnehmen als verdammenswerten Wucher gebrandmarkt haben.
Jedenfalls ist eines unbestritten: Von den Banken wird immer mehr Geld „produziert“ (Geldschöpfung). Dieses Geld vermehrt sich exponentiell durch den Zinseszinseffekt. Und da alles vorhandene Geld irgendwo als Schuld in gleicher Höhe existiert, leiden auch diejenigen in der Gesellschaft unter dem Zins, die gar nicht verschuldet sind, weil sie zumindest indirekt Zinsen zahlen müssen.

Was kann man da machen?

Im Grunde genommen nichts! Solange es das unselige und ungerechte Zins-Geld-Systems gibt, müssen alle dafür zahlen, ob sie wollen oder nicht. Es ist nur zu hoffen, dass in absehbarer Zeit ein gerechteres Geldsystem kommen wird. Zur Überbrückung bis dahin kann man sich zumindest punktuell behelfen. Beispielsweise mit der Nutzung von Komplementärwährungen. Scheuen Sie sich auch nicht, sich für einen Tauschring zu interessieren.

Die Wurzel allen Übels

liegt im momentanen Geldsystem
und dem unkritischen Glauben
an die Fehlerlosigkeit des Zinses.
Dieser macht aber die Reichen reicher
und die Armen ärmer,
weil er nicht nur als direkter
Kreditzins gezahlt wird,
sondern als Kostenfaktor
in allen Preisen steckt.

Kath. Familienverband der Erzdiözese Wien, 1990

Eigene Anmerkungen:

Woher kommt das Geld für Zinsen? 33

Diese Frage stellen sich angesichts der dramatischen Entwicklung der Staatsschulden und der Finanzmärkte immer mehr Menschen. Nichts ist daher naheliegender, als eine Antwort darauf von dort zu erwarten, von wo das Geld überhaupt herkommt: von der Notenbank.
Das hat auch mit folgendem Schreiben am 3. 2. 2010 Christian Gerstl versucht herauszubekommen (nachzulesen auf der Internetplattform www.direktzu.at/oenb/messages/24828).

„Sehr geehrtes Direktorium,
woher kommt das Geld für den Zins, wenn doch die Zinsen, aufgrund des ausgegebenen Geldes, erst entstehen? Meinem Verständnis nach müssen die Zinsen wieder ausgeliehen werden, wodurch zwangsläufig ein exponentiell steigender Zinseszins, der auch nicht im System ist, entsteht.
Wie ist es möglich, dass etwas, bei sonstiger Enteignung, verlangt wird, was gar nicht vorhanden ist?
Anbei noch ein Film, welcher meine Frage veranschaulicht.
Mit freundlichen Grüßen, Christian Gerstl"

Antwort von Univ.-Prof. Dr. Ewald Nowotny, Gouverneur der Österreichischen Nationalbank, am 11. Februar 2010:

„Sehr geehrter Herr Gerstl!
Zinsen und Geld sind in der Tat sehr komplexe Themen, die auch in der Wissenschaft immer noch für Kontroversen sorgen.
Die Funktion von Zinsen entspricht einem Transfer von Geld bzw. Konsum über einen gewissen Zeitraum hinweg. Das heißt Zinsen repräsentieren immer eine Zahlung in der Zukunft für einen Transfer von Geld in der Gegenwart oder in der Vergangenheit. Menschen, die ihr Einkommen heute nicht in Güter umwandeln und konsumieren wollen, sparen. Sie transferieren damit ihren Konsum in die Zukunft. Das äußert sich in unserem Wirtschaftssystem im Allgemeinen so, dass sie ihr Geld zu einer Bank bringen. Andere Menschen wiederum, die gerade Geld benötigen, borgen es sich bei der Bank aus, beispielsweise um zu konsumieren oder – im Falle von Unternehmen – um zu investieren.
Der Zins kommt nun durch zwei Dinge zustande: Einerseits werden damit Menschen, die nicht sofort konsumieren, für ihren Verzicht entschädigt, andererseits wird ein Teil der Zinsen dafür verwendet, die Dienstleistung der Finanzintermediäre, also der finanziellen Mittler, zu bezahlen. Dieser Geldtransfer muss nicht zustande kom-

men, sondern geschieht ausschließlich dann, wenn es auf der einen Seite Menschen gibt, die auf eine bestimmte Menge Geld zu einem dafür angebotenen Preis (Sparzins) verzichten wollen und damit ihren Konsum in die Zukunft verschieben können; auf der anderen Seite aber auch Menschen oder Unternehmen, die bereit sind dafür zu bezahlen (Kreditzins), dass ihnen heute Geld zur Verfügung gestellt wird, das sie erst später verdienen werden. Häufig ist es etwa so, dass Menschen am Beginn ihres Lebens über ein eher geringes Einkommen verfügen, sie aber davon ausgehen können, dass es in Zukunft steigen wird. Um eine Familie zu gründen bzw. Eigentum an Immobilien zu erwerben, sind junge Menschen bereit Kredite aufzunehmen. Später, wenn sie mehr verdienen, können sie dieses Geld leichter aufbringen und zurückzahlen. Ähnliches gilt für Unternehmen: Sie nehmen dann einen Kredit auf, wenn sie erwarten, mit dem durch einen Kredit zur Verfügung stehenden Geld eine Investition tätigen zu können, mit der sie in der Zukunft mehr erwirtschaften werden als sie an Zinsen zahlen müssen.

Zinsen müssen also letztlich immer in der Realwirtschaft (in Form von Einkommen) erwirtschaftet werden. Vereinfacht ausgedrückt können Zinsen bezahlt werden, weil Geld in Projekte investiert wird, die eine höhere Rendite erwirtschaften als Zinsen bezahlt werden müssen. Zinsen sind nur der Preis dafür, dass man mit geborgtem Geld arbeiten kann.

Damit in einer Wirtschaft genügend Geld vorhanden ist, um alle nötigen Transaktionen zu tätigen, muss bei einer wachsenden Wirtschaft daher auch die Geldmenge wachsen. Arbeit wird immer produktiver, Abläufe effizienter, kurzum es werden immer mehr Güter und Dienstleistungen produziert. Aus diesem Grund lässt die Zentralbank, die ja das Wachstum der Geldmenge steuert, ein Geldmengenwachstum zu, das unter anderem das durchschnittliche Wirtschaftswachstum sowie eine tolerierte niedrige Inflationsrate (Preisstabilität) berücksichtigt.

Mit freundlichen Grüßen, Ihr Ewald Nowotny "

Was kann man da machen?

Befriedigt Sie diese Antwort? Wenn ja, dann haben Sie dieses Buch nicht aufmerksam genug durchgelesen. Wenn Sie allerdings der Überzeugung sind, dass auf den Kern der Fragestellung nicht ausreichend genug eingegangen wurde, dann sollten auch Sie „nachbohren" – denn betroffen von der Problematik sind wir alle!

Kontaktaufnahme per Mail an das Direktorium der OenB unter: www.direktzurnationalbank.at

Das Geld

ist für den Tausch entstanden,
der Zins aber weist ihm
die Bestimmung an,
sich durch sich selbst zu vermehren.
Daher widerstreitet auch
diese Erwerbsarbeit
unter allen am weitesten
dem Naturrecht.

(Aristoteles, 384–322 v. Chr.)

Eigene Anmerkungen:

Die Verteidigung des Zinssystems 34

Seit Beginn des Niedergangs des dem Neoliberalismus verpflichteten globalen Finanz- und Währungssystems ist eine heftige Diskussion nicht nur über deren Ursachen, sondern auch über dessen dringende Neuordnung entbrannt. In diesem Zusammenhang wird auch immer wieder das in den 1930er-Jahren erfolgreiche Wörgler-Freigeld-Experiment nach der Lehre Silvio Gesells diskutiert.
Um zu dieser Thematik eine offizielle Stellungnahme von kompetenter Stelle zu erhalten, hat über die Internet-Plattform www.direktzu.at ein User (Christian Gerstl) am 5. 2. 2010 an das Direktorium der OeNB folgende Fragen gestellt:

* *Welches Kalkül verfolgte die OeNB damals, zumal sie ein erfolgreiches Geldexperiment mit militärischer Gewaltandrohung abstellen ließ?*
* *Wie steht die OeNB heute zu dieser geschichtlich gesicherten Tatsache?*
* *Die jetzige Wirtschaftslage zeigt Analogien zur damaligen – warum motiviert die OeNB an den richtigen Stellen (beispielsweise BIZ, EZB) nicht ein Geldsystem nach Silvio Gesell, welches den Geldumlauf belohnt und die Hortung bestraft?*

(Der gesamte Briefinhalt der Anfrage und der Antwort ist nachzulesen unter www.direktzu.at/oenb/messae/24856).

Im Antwortschreiben vom 25. 2. 2010 des Gouverneurs der OeNB, Univ.-Prov. Dr. Ewald Nowotny, wird sehr ausführlich auf die ökonomischen, wirtschaftshistorischen und politischen Gegebenheiten Österreichs in den 1920er- und 1930er-Jahren eingegangen. Die konkreten Fragen bezüglich „*Wörgler Wirtschaftswunder*" werden wie folgt beantwortet:
„*Das Wörgler Experiment der 1930er-Jahre fiel nun in diese Zeit mit extremer Deflation, Massenarbeitslosigkeit und Armut. Die an Stelle des Geldes ausgegebenen Arbeitswertbescheinigungen mussten jeden Monat mit einer Marke im Wert von einem Prozent des Nennwerts versehen werden, um ihre Umlauffähigkeit nicht zu verlieren. Dies entsprach einer jährlichen Inflationsrate von 12 %. Durch die hohe Geldumlaufgeschwindigkeit wirkte das Freigeldexperiment stark inflationär. Es konnten auch gewisse Erfolge bei der Reduzierung der Arbeitslosigkeit verbucht werden. Der später durch die Phillipskurve bekannt gewordene Zusammenhang zwischen Inflation und Arbeitslosigkeit wurde hier also schon deutlich. Wesentlich für die Senkung der Arbeitslosigkeit in Wörgl war nicht zuletzt auch, dass die Gemeinde ihre – nun in Schwundgeld bezahlten – Steuergelder für die Durchführung von In-*

frastrukturprojekten verwendete, die einen positiven Multiplikatoreffekt aufwiesen. Die inflationäre Wirkung des Freigelds kann zwar in Depressionsphasen eventuell vorteilhaft sein, unter normalen Umständen würde es die Inflation unkontrolliert in die Höhe treiben. Die Abschaffung des Zinssystems würde daher auch nicht alle wirtschaftlichen Probleme lösen und Instabilitäten verhindern, sondern vor allem neue Probleme mit sich bringen.

Verboten wurde das Wörgler Geldexperiment schließlich 1933 vom Verwaltungsgerichtshof in letzter Instanz, da es einen Verstoß gegen das Banknotenprivileg darstellte. Dieses Monopol auf die Geldausgabe durch die Zentralbank ist ökonomisch sinnvoll und begründbar, denn es bringt eine Reihe von mittel- und langfristigen Vorteilen für jeden Einzelnen mit sich. Ein großer Währungsraum mit einheitlicher Geldpolitik schafft Transparenz, da Güterpreise vergleichbar sind. Dies ermöglicht Unternehmen und Haushalten langfristige Investitionen zu planen und reduziert die Transaktionskosten. Die Zentralbank sorgt dafür, dass das Zinsniveau die wirtschaftliche Entwicklung unterstützt, indem sie ihre geldpolitischen Instrumente situationsadäquat einsetzt. Ebenso legt sie ihr Augenmerk auf die Stabilität der Währung, um eine zu hohe Inflation zu verhindern. Die Durchführung einer effizienten Geldpolitik setzt allerdings einen einheitlichen Währungsraum voraus, denn die Schaffung eines gesetzlichen Zahlungsmittels innerhalb eines bereits bestehenden Währungsraums könnte das Vertrauen in die bestehende Währung unterminieren. Nur eine einheitliche, stabile Währung kann daher mittel- und langfristig die wirtschaftliche Prosperität begünstigen.

Lassen Sie mich noch einmal die Rolle der Zinsen in der Wirtschaft erläutern: Wie bereits in der Beantwortung Ihrer ersten Frage dargestellt, werden Zinsen letztlich immer in der Realwirtschaft erwirtschaftet. Vereinfacht ausgedrückt können Zinsen bezahlt werden, weil Geld in Projekte investiert wird, die eine höhere Rendite erwirtschaften als Zinsen bezahlt werden müssen. Zinsen sind nur der Preis dafür, dass man mit geborgtem Geld arbeiten kann. Der Zins übernimmt dabei auch eine allokative Funktion, da er ohne direkte Absprache oder zentrale Planung das Kapital in jene Wirtschaftsbereiche transferiert, die eine entsprechende Rendite erwarten lassen. Nicht zuletzt aus diesem Grund ist die OeNB keine Befürworterin eines zinslosen Systems."

Was kann man da machen?

Im Herbst 2008 verfassten österreichische Komplementärwährungs-Initiativen (www.neuesgeld.com) die Petition „Neues Geld" und stellten sie der österreichischen Bundesregierung zu. Auskunft über den Stand der parlamentarischen Behandlung können Sie online unter www.parlament.gv.at/PG/DEIXXIV_00016/pmh.shtml bekommen.

Die besondere Dynamik

des kapitalistischen Wirtschaftssystems
besteht darin, dass Geld und Zins
miteinander verbunden sind.

Rein mathematisch reißt der Zins
die Menschen auseinander:
diejenigen, die in Armut zugrunde gehen,
und diejenigen,
die an der Zahlungsnot des Kreditnehmers
immer reicher werden.

(Eugen Drewermann, Theologe)

Eigene Anmerkungen:

„Banken erfinden Geld aus Luft" behauptet der Wiener Wirtschaftswissenschafter Franz Hörmann in einem Standard-Interview am 13. 10. 2010. Für ihn ist die Zeit der Banken und des Geldes vorbei und ein Paradigmenwechsel im derzeitigen Finanz- und Wirtschaftssystem sei unumgänglich. Die heutige Krise geht seiner Überzeugung nach von den Banken aus, die im Kreditprozess Geld, das vorher nicht existiert hat, "aus Luft erfinden", es verzinst weitergeben und zudem dinglich absichern lassen.
In die gleiche Kerbe wie der Universitätsprofessor Franz Hörmann schlägt auch der mit seinen gesellschaftskritischen Songs wie *„Geh' nicht an mir vorbei"* oder *„Es fährt ein Zug nach nirgendwo"* bekannt und berühmt gewordene Schlagersänger, Musiker, Komponist, Schauspieler und Regisseur Christian Anders. Nun hat er sich auch als Schriftsteller einen Namen gemacht. Besonderes Aufsehen erregte sein 2002 erschienenes Buch *„Der wahre Bankenschwindel und was man dagegen tun kann"*. Es ist ein gründlich recherchiertes, mit verblüffendem Insiderwissen sowie mit Zahlen und Bankberichten belegtes, höchst brisantes Aufdecker-Buch.
Sein Resümee: *„Der Zins ist der Krebs unserer Gesellschaft und unseres Währungssystems. 140 Millionen Euro pro Tag wächst der Zins in Deutschland. In Amerika ist man bei einer Milliarde Dollar pro Tag."* (Anm.: FN-Interview am 16. 12. 2002).
Wenn Sie dieses Kapitel fertig gelesen haben, werden Sie – soferne Sie zu den „Leidtragenden" unseres derzeitigen Geldsystems gehören (und das sind nun einmal die weitaus meisten Menschen) – sehr wütend werden. Sie fühlen sich belogen und betrogen, ausgebeutet und von Politikern, Interessenvertretungen, aber auch von moralischen Institutionen wie Kirchen, im Stich gelassen. In dem genannten Buch von LANOO (Christian Anders) zitiert der Autor US-amerikansiche Insider unseres in Wahrheit „menschenrechtswidrigen" Geldsystems. Auf der folgenden Seite einige Beispiele:

Henry Ford: *„Das Hauptziel der Bundesbank ist die Weltkontrolle durch Schaffung unbezahlbarer Schulden."*

Louis T. McFadden (Abgeordneter des Repräsentantenhauses): *„Manche Menschen denken, die Bundesbank sei eine staatliche Institution. Sie ist es nicht. Die Bundesbank in Amerika und in Europa ist ein privates Kreditmonopol, das die Bürger betrügt, zum Vorteil der Bundesbank und ihrer ausländischen Kunden."*

Benjamin Anderson (Chase National Bank New York): *„Das Geld, das die amerikanische und europäische Bundesbank druckt, ist somit von ihnen geschaffen ... Wenn sie dann Regierungspapiere kaufen (Anm.: mit Geld, für das sie nicht gearbeitet haben), dann schaffen sie Reserven. Sie bezahlen für diese Regierungssicherheiten mit Schecks, die sie auf sich selber ausstellen. Diese Schecks werden dann von den Banken eingelöst und in der Bundesbank deponiert. Plötzlich existiert Geld, das vorher nicht da war."*

Eustice Mullins (Autor des Buches „Das Geheimnis der Bundesbank"): *„Statt Geld zu schaffen durch die Prokuktionsarbeit der Menschen, durch den jährlichen Zuwachs an Waren und Dienstleistungen, wird es von den Bankern aus den Schulden der Menschen heraus geschaffen."*

Frederick Soddy (Nobelpreisträger für Chemie): *„Geld wird jedes Mal geschaffen, wenn Banken Geld ‚verleihen', für das sie nichts getan haben, außer es zu drucken. ... Ein ehrliches Geld- bzw. Währungssystem ist hier die einzige Alternative."*

Was kann man da machen?

Brauchen wir noch mehr Beweise für den gigantischen Betrug der globalen Finanzindustrie an uns Bürgern? Es ist höchst an der Zeit, dieses monetäre Betrugssystem hinwegzufegen, bevor es zu spät ist. Das kann aber nur dann gelingen, wenn sich die Menschen der derzeit stärksten Waffe, nämlich des Internets, bedienen und sich global vernetzen. Konfrontieren Sie auch die EZB bzw. OeNB mit diesen Vorwürfen: www.direktzurnationalbank.at

Pressestimmen zum Film „Let's make Money"

„Ein Kinofilm, der schon jetzt Furore macht."

(Tagesspiegel)

„Ein Film, der provoziert, unterhält und erstaunliche Einblicke liefert."

(ZDF Heute Journal)

„Wenn es einen Film gibt, der eine Revolution auslösen kann, dann ist es dieser!"

(CINEMA)

„110 fesselnde Minuten … knallhart auf den Punkt gebracht."

(Financel Times Deutschland)

„Spannend wie ein Wirtschaftsthriller. Wird ein Pflichttermin."

(Kulturspiegel)

„Der richtige Film, zur richtigen Zeit … Der definitiv anschaulichste Beitrag zur Finanzkrise."

(Spiegel TV)

Eigene Anmerkungen:

Enzyklika „Vix pervenit" 36

Die für das Wohlergehen der Menschen wahrscheinlich bedeutungsvollste Enzyklika war das von Papst Benedikt XIV. am 1. November 1745 veröffentlichte Rundschreiben „*Vix pervenit*" (deutsche Übersetzung „*Kaum ist uns zu Ohren gekommen*"), welches die Zinslehre der Kirche zum Inhalt hat.
Es wird darin die prinzipielle Frage der Ungerechtigkeit des Zinsnehmens als das Kernproblem des sozialen Übels der kapitalistischen Gesellschaft erfasst und beantwortet. Dieses päpstliche Rundschreiben muss daher als erste große Sozialenzyklika der Kirche zur sozialen Frage erkannt und bewertet werden.
Der Schweizer Theologe Viktor Pfluger (1879–1958), dem das Moralproblem der Zinsfrage sehr beschäftigte, hat diese bemerkenswerte Enzyklika ins Deutsche übersetzt. In seiner Analyse bejaht Viktor Pfluger ausdrücklich, dass die Zinslehre der Kirche nach wie vor Gültigkeit besitzt und ein Abrücken davon schwerwiegende Folgen für die Menschen haben wird.
Zur Vorgeschichte der Zins-Enzyklika „*Vix pervenit*":
Im Mittelalter bestand ein von Kirche und Staat gefordertes Zinsverbot, das allerdings ab dem 16. Jh. immer mehr bekämpft und übertreten wurde. Man erfand allerhand Praktiken und Verträge, um das Zinsverbot umgehen zu können. Ein Staat nach dem anderen hob das Zinsverbot auf und gestattete vielfach einen Zinsfuß von 5 %. Die Katholiken wagten es lange nicht, das kanonische Zinsverbot offiziell zu bestreiten; aber sie versuchten es durch eigens ersonnene Verträge und Titel zu umgehen.
Im Zeichen des heraufziehenden Kapitalismus erkannte der damalige Papst Benedikt XIV. (1740–1758) die damit drohende Gefahr für die Entwicklung der Gesellschaftsordnung und kam zur Überzeugung, dass er als Inhaber des Obersten Lehramtes eingreifen musste. Da die Menschen verunsichert waren, was denn eigentlich die Lehre der Kirche über den Zins sei, wollte er ihnen in einer Enzyklika diese Lehre

klar verkünden. Er bestellte eine Kommission von Kardinälen und Gelehrten mit dem Auftrag, zu erforschen, was die Kirchenväter und Theologen durch die Jahrhunderte betreff des Zinses gelehrt haben. Diese Kommission fasste einstimmig die gültige Lehre der Kirche in fünf Sätze zusammen. Das Apostolische Rundschreiben übertitelte der Papst mit *„Über den Wucher und andere ungerechte Gewinne"* und es wurde darin bekräftigt, dass das Zinsnehmen unerlaubter und sündhafter Wucher sei: *„Die Sünde … beruht darin, dass jemand aus dem Darlehen selbst für sich mehr zurückverlangt, als der andere von ihm empfangen hat. … Jeder Gewinn, der die geliehene Summe übersteigt, ist deshalb unerlaubt und wucherisch."*

Papst Benedikt XIV. erhoffte, dass er mit seiner Enzyklika dem *„Übel die Möglichkeit, weiter fortzuwuchern"* nehmen konnte. Das Gegenteil ist eingetreten: Die ganze Welt wurde durch das *„Übel des Zinswuchers angesteckt"* und überflutet.

Von päpstlicher Seite wurde der Zinsverbot-Passus der Enzyklika „Vix pervenit" erstmals unter Pius XI. aufgeweicht: In der Enzyklika „Quadragesimo anno" von 1931 wurde formuliert, dass Zinsnehmen unter ganz speziellen Bedingungen auch zur allgemeinen Wohlfahrt dienen kann. Formell gestrichen wurde das Zinsverbot tatsächlich erst 1983. Und das ohne großes Aufsehen. Moralische Bedenken gegen das Zinsnehmen gibt es grundsätzlich heute nicht mehr.

Was kann man da machen?

Es wäre interessant zu wissen, wie die Römische Kurie bzw. der Papst das seinerzeitige Zinsverbot aus heutiger Sicht beurteilt. Lesen Sie das Buch „Vatikan AG" von Gianluigi Nuzzi und erbitten Sie eine Stellungnahme vom Papst. Hier die Adresse:
Seine Heiligkeit Papst Benedikt XVI.,
Palazzo Apostolico, 00120 Citta del Vaticano
E-Mail: benediktxvi@vatican.va
Internet: http://vatican.va/phome_ge.htm

Die Zinslehre der Kirche

hält sich gleichsam in den
Katakomben verborgen,
und die meisten Christen kennen sie
nicht einmal mehr.

Aber sie existiert
und wird einmal wieder
den Gruften der Katakomben entsteigen
und den ihr gebührenden Thron
in der menschlichen Wirtschaft einnehmen.

(Viktor Pfluger, Theologe, 1879–1958)

Eigene Anmerkungen:

Schon Jahrzehnte gibt es sie, die unermüdlichen Rufer in der Wüste, die, den Propheten des Alten Testaments gleich, eindringlich und beharrlich die Regierenden warnen vor Katastrophen in wirtschaftlicher, gesellschaftlicher, sozialer und ökologischer Hinsicht. So wie es den meisten Propheten von damals ergangen ist, so wurden und werden viele Botschaften unserer heutigen Mahner ebenfalls ignoriert bzw. nicht ausreichend verstanden. Es sind die gleichen Gründe wie damals: Macht, Gier, Realitätsverweigerung und Interesselosigkeit.

Einer der prominentesten und unermüdlichsten Kämpfer für Menschenrechte, gegen den Welthunger und für eine drastische Änderung der Welt-Wirtschaftspolitik, ist der Professor für Soziologie in Genf und ehemaliger UN-Sonderberichterstatter **Jean Ziegler**. Schon seit Jahrzehnten stellt er den *„mörderischen Kapitalismus"* an den Pranger und wettert gegen das korrupte Bankensystem. Er ist der Überzeugung, dass die Überschuldung der Entwicklungsländer, die gigantischen Börsenspekulationen und der Klimawandel zentrale Gründe für den Hunger in der Welt sind. Er gibt die Hoffnung nicht auf und glaubt an die Entstehung einer *„planetarischen Zivilgesellschaft"*.

Der Physiker und Philosoph **Carl-Friedrich von Weizsäcker** sagte schon vor vielen Jahrzehnten *„Es ist höchste Zeit endlich die große Gefahr zu begreifen, die vom entfesselten Kapitalismus für die Menschheit ausgeht."*

Besonders eingehend befasst sich seit 40 Jahren der Wirtschaftsanalytiker und Publizist **Helmut Creutz** mit der Struktur und den Auswirkungen unseres herrschenden Geldsystems und weist akribisch in seinen Büchern (z.B. *„Das Geldsyndrom – Wege zu einer krisenfreien Marktwirtschaft"*) die damit verursachten Fehlentwicklungen nach.

Der deutsche Naturwissenschaftler, Politiker und einer der einflussreichsten Umweltexperten, **Ernst Ulrich von Weizsäcker**, tritt schon lange und nachdrücklich für eine ökologisch-soziale Marktwirtschaft ein. Er ist auch Mitglied des *Club of Rome*, und als Mit-Autor des neuesten Buches *„Faktor fünf – Die Formel für nachhaltiges Wachstum"* knüpft er darin an das schon 1995 verfasste Konzept für eine zukunftssichere, umweltschonende und dennoch profitversprechende Wirtschaftspolitik an. Deutliche Worte findet der Politiker Weizsäcker auch zum neoliberalen Global-Kapitalismus:
„Die globalisierte Wirtschaft führt zwangsläufig zur Forderung nach einer ‚Spreizung' des Einkommensgefälles. Im Klartext: Die Ärmeren müssen mit ihren Ansprüchen zurückstehen, damit die Reichen sich im Lande wohl fühlen und nicht ihr Kapital abziehen …"

Der österreichische Ökonom **Stephan Schulmeister** warnt schon seit Langem vor den grundlegenden Fehlern im globalen, dem Neoliberalismus verpflichteten Finanzsystem. Er blieb aber mit seinen Darstellungen und durchaus fundierten Beweisen bislang ziemlich ungehört in Diskussionsrunden von so genannten „Experten" der Finanzwirtschaft.

Der Amerikaner **Lyndon LaRouche**, weltweit der Ökonom, der die Ursachen der Systemkrise am längsten und am tiefgreifendsten analysiert hat, hat schon vor Jahrzehnten ein umfassendes Maßnahmenpaket zu ihrer Bewältigung erarbeitet. So stellte er beispielsweise in den 1990er-Jahren das Konzept eines *„Neuen Bretton Woods"* vor und prangerte an, dass die Abkehr des 1944 von den alliierten Mächten zur Stabilisierung der Weltwirtschaft beschlossenen gold-gedeckten Währungssystems (Bretton-Woods-Abkommen) von US-Präsident Nixon 1971 aufgekündigt wurde. Die damalige Abkoppelung des Dollars vom Goldreservesystem hatte eine Tiefe Kluft zwischen Realwirtschaft und Finanzwirtschaft zur Folge und ist Ursache der für die Volkswirtschaften verheerenden „Spekulationsblasen".

In jeder Generation

gibt es eine Anzahl hochgesinnter Menschen,
die alles Edle und Schöne lieben
und einen großen Teil ihrer Tätigkeit
dem Kampf gegen den Verfall der Gesellschaft widmen.
Das ist jene kleine moralische und geistige Aristokratie,
die die Menschen hindert, im Sumpf des Egoismus
und der materiellen Begierden zu verrotten.
Dieser Aristokratie verdanken es die Völker,
wenn sie der Barbarei entronnen
und niemals wieder in sie zurückgefallen sind.
Selten gelangen die Mitglieder dieser Aristokratie
zu den höchsten Stellungen der politischen Hierarchie.
Aber sie leisten mehr.
Sie formen den Geist und die Gefühle ihrer Zeitgenossen
und vermögen so, ihr eigenes Programm
den Herrschenden aufzuzwingen.

(Gaetano Mosca, 1858–1941, ital. Gelehrter und Politiker)

Eigene Anmerkungen:

Der „Zinssklave" 38

Eine sehr treffende Bezeichnung eines unbekannten Autors, der die Sklaverei durch die Zinsknechtschaft auf der Website http://www.mynous.org/ie/wirtschaft/der-zinssklave-was-die-welt-im-....... (Submitted by Jowa on Mon, 10/26/2009 - 21:49) recht anschaulich beschreibt.

Einige Auszüge aus diesem Artikel:

„Sein Geld arbeiten lassen" – hört sich gut an, verschleiert aber die Tatsache, dass es tatsächlich jemand anders ist, der arbeitet, um Zinsen zu erwirtschaften. Und dieser „Andere" hat kaum eine Chance, der Zinsknechtschaft zu entkommen. Da Zinsen generell nicht zurückbezahlt werden können, entsteht eine Gesellschaft der Zinseszinsknechte, deren Zusammenbruch programmiert ist.
Die Finanzkrise ist eigentlich keine „Finanzkrise" – sondern eine Geldsystemkrise. Um diese besser zu begreifen und die Auswirkungen beurteilen zu können, muss man wissen, was Geld eigentlich ist: Geld ist nichts anderes als Schulden.
Es gibt kein „Geld" an sich, sondern es gibt nur Schulden, und entsprechend Schuldscheine, die wir „Geld" nennen. Der Geldschein ist eine Forderung, die Schuld zurückzuverlangen. Ob dies jedoch funktioniert, ist nicht nur fraglich. Es ist faktisch unmöglich – wegen der Zinsen.

Banken verleihen kein vorhandenes Geld, sie geben Kredit. Das ist ein kaum beachteter, aber ein wesentlicher Unterschied. Geld entsteht dabei aus dem Nichts und völlig ohne eigene Anstrengung einfach per Knopfdruck im Bankensystem, von dem es sich Unternehmen, Staat und Bürger gegen Zinsen ausleihen müssen. Das für die Rückzahlung notwendige Geld ist dann zwar im Umlauf, jedoch nicht das Geld für die Zinsen. Das muss man sich wiederum vom Bankensystem gegen weitere Zinsen ausleihen. Wenn alle ihre Schulden zurückzahlen würden, gäbe es kein Geld mehr – aber weiterhin Zinsschulden.

Durch die in das Geldsystem eingebaute permanente Notwendigkeit, gesamtwirtschaftlich immer neue Schulden für die Zinsen und Zinseszinsen aufzunehmen, entsteht eine Spirale von immer stärker wachsender Verschuldung auf der einen und immer schneller wachsenden Vermögen auf der anderen Seite. Die Umverteilung von arm (Zinssklaven) nach reich (Feudalherren) durch Zinsen und Steuern wird automatisch immer dynamischer. Staatsschulden und Steuern steigen in diesem System zwangsläufig exponentiell an.
Die Zinslast verbirgt sich vor allem in der Miete, aber auch in den Steuern und Abgaben. Sie erhöht auch alle Preise, da jeder, der an der Wertschöpfungskette beteiligt ist, seine Zinskosten in die Endpreise einfließen lassen muss. Eine kleine Familie, die nur etwa 18.000 Euro pro Jahr für ihren Lebensunterhalt ausgibt, bezahlt dabei schon rund 7.200 Euro versteckte Zinsen. Weitere ca. 3.000 Euro Zinsen verbergen sich in den Steuern und Abgaben, die sie für die 18.000 Euro NettoEinkommen zu entrichten hatte. So bezahlt also schon eine schuldenfreie, bescheiden lebende Familie – meist ohne es zu bemerken – jedes Jahr rund 10.000 Euro Zinsen.
Jeder, der weniger als ca. 400.000 Euro Eigenkapital besitzt, ist ein Zinssklave, weil er mehr Zinsen bezahlen muss als er einnimmt. Und er muss für diejenigen arbeiten, die mehr besitzen. Das ist so in unserem Geldsystem mit Zwangsverschuldung und eingebautem Zinseszinseffekt. Wir haben ein feudalistisches Geldsystem:
Ein solches System begünstigt diejenigen, welche über eine bestimmte Kapitalmasse verfügen. Diese vermehrt sich per Zins quasi automatisch. Keine Chance dagegen haben jene, welche unterhalb der „kritischen Kapitalmasse“ leben.

Was kann man da machen?

So lange unser Zinseszins-Geldsystem besteht, ist man Profiteur oder Verlierer in diesem System. Und: „*Niemand ist hoffnungsloser versklavt als der, der fälschlicherweise glaubt, frei zu sein.*“ (Johann Wolfgang v. Goethe, 1749–1832).

„Es sind gar nicht primär Konsum- und Gewinnsucht, die den Kapitalismus rastlos vorwärtstreiben, sondern die durch Zins und Zinseszins lawinenartig wachsenden Geldvermögen und ein unerbittlicher Zwang, unter dem die Schuldner stehen, nämlich mit jeder Produktion auch den Zins erwirtschaften zu müssen."

(Josef Hüwe: *„Zinswirtschaft heute – Zum veränderten Erscheinungsbild des Kapitalismus"*)

Eigene Anmerkungen:

Die Geld-Lüge 39

Haben Sie sich jemals Gedanken darüber gemacht, woher eigentlich das Geld kommt? Warum auch – natürlich von den Banken! Wahrscheinlich glauben Sie auch, dass es das Geld der Einleger ist, welches die Bank weiter verleiht. Prinzipiell stimmt das, aber es ist nur die halbe Wahrheit. Die Wahrheit ist, dass die Banken mit jeder Kreditgewährung Geld selber produzieren. Dieses Geld, welches Sie mit der Kreditgewährung bekommen, gab es vorher nicht, und dafür muss die Bank auch niemandem Einlagenzinsen bezahlen. Nur eines muss die Bank schon machen: 2 % des aus dem Nichts erschaffenen Geldes muss bei der Zentralbank als so genannte Mindestreserve angelegt werden.
Das heißt also: Aus 2 Euro kann die Bank 100 Euro machen und diese verleihen.
Ein konkretes Beispiel: Sie bekommen von Ihrer Bank einen Kredit zu 8 % Zinsen p. a. Dieses Geld war vorher nicht da und hat die Bank einfach über dem Computer erzeugt, man nennt das Geldschöpfung. Das Geld, das Sie in Banknoten bekommen (diese darf allerdings nur die Zentralbank drucken), hat selber keinen substantiellen Wert. Unser derzeitiges Geldsystem ist reine Vertrauenssache: Wir glauben und vertrauen, dass der aufgedruckte Wert allseits für den Zahlungsverkehr anerkannt wird. (Anmerkung: In früheren Zeiten des Geldwesens war sehr wohl das verliehene Geld selber etwas wert bzw. war es durch Werte, beispielsweise Goldbarren und Devisenreserven, gedeckt.)
Wie dem auch sei: Dieses von Ihrer Bank aus dem Nichts geschöpfte Geld will sie gegen Zinsen wieder zurückhaben. Eine Frage, die sich kaum wer stellt: Woher kommt das Geld für die Zinsen? Ganz logisch: Dieses Zinsengeld muss ebenfalls wieder von einer Bank erzeugt werden. Es muss durch Kredit als Geld neu „gemacht" werden. Auf diese Weise wird immer mehr neues Geld geschaffen und dann wieder „vernichtet".
Wenn Sie den von der Bank „aus dem Nichts" geschaffenen Kredit ordnungsgemäß mit Zinsen wieder zurückzahlen, dann ist die Forderung

gegen Sie erloschen und es ist wieder „Nichts“ da. (Anmerkung: Hätte Ihnen die Bank echtes „Wertgeld“ geliehen, dann wäre dieses wieder in den Banktresoren gelandet.)
Für dieses aus dem Nichts gemachte und wieder vernichtete Geld bekommt die Bank jedenfalls Zinsen.
Wie beurteilen Sie nun aber Folgendes: Sie haben beispielsweise mit dem in seiner Substanz wertlosen Bankgeld ein Haus gebaut und somit das wertlose Geld in einen echten Realwert gewandelt. Zur Kreditsicherstellung hat die Bank eine Hypothek auf dem Haus. Da Sie den Kredit nicht zurückzahlen können, wird das Haus versteigert und gehört nun der Bank oder einem Dritten.

Den Einwand der Befürworter der Geldschöpfer, dass „geschöpfte Kredite“ problemlos wären, weil sie irgendwann auch wieder zu einer Einlage würden und somit die Schöpfung sich selbst ausgleicht, begegnet Wilhelm Creutz in seinem Buch *„Das Geldsyndrom“* mit folgendem Vergleich:
„Diese Argumentation ist so überzeugend wie die eines Geschäftsmannes, der reinen Gewissens Falschgeld produziert, weil irgendwann die Kunden mit dem Falschgeld auch wieder in seinem Laden einkaufen werden. Dass mit beiden Schöpfungen – dem Falschgeld wie den Krediten ohne Ersparnis – das Nachfragepotential ungedeckt vermehrt wird, dürfte einsichtig sein. ***Denn nur Kredite, die aus leistungsbezogenen Ersparnissen stammen, sind durch reale Gegenwerte gedeckt. Wenn also Banken tatsächlich ohne Spareinlagen Kredite schöpfen, ist das genauso ein Fall für den Staatsanwalt wie die Inumlaufsetzung von Falschgeld.“***

Was kann man da machen?

Sind Sie nicht der Überzeugung, dass dieses ausbeuterische Geldsystem ehestmöglich abgeschafft werden soll? Warum haben die Staaten die Gelderzeugung den Privatbanken überlassen? Fragen Sie die Politiker!

DER AUFSTIEG DER FINANZMÄRKTE

hat den maximalen privaten Nutzen
als Maßstab des Gelingens
und Misslingens durchgesetzt –
ablesbar an der Geld- und Machtgier,
der Korruption und dem Betrug
insbesondere von Top-Managern
und politischen Eliten,
die sich auf Kosten des Gemeinwohls
in schamloser Weise bereichert haben.

(Erich Kitzmüller/Herwig Büchele)

Eigene Anmerkungen:

Der in den 1980er-Jahren geschlossene *„Consens von Washington“* wird seit dieser Zeit global und konsequent durchgezogen. Ziel dieses vom IWF, von der Weltbank, von der US-amerikanischen Regierung, von international operierenden Finanzinstituten und Institutionen der Politikberatung ausgearbeiteten und geschlossenen Übereinkommens ist es, die ganze Welt dem Neoliberalismus zu verpflichten. Der heutige Zustand der Welt mit den Finanz- und Wirtschaftskrisen, mit dem ständig weiter Auseinanderklaffen der Schere zwischen Arm und Reich und der kriegerischen Auseinandersetzungen ist in höchstem Maße eine Folge dieses neoliberalen Übereinkommens zur Weltherrschaft des Kapitals. Ein Schwerpunkt dieses *Consenses von Washington* ist die völlige Deregulierung und Freigabe der Finanzmärkte. Neue Geschäftsfelder mit zum Teil exotisch anmutenden Spekulationsformen zur Geldvermehrung wurden erschlossen. Somit wurde der Spekulation Tür und Tor geöffnet, wobei durch die globale elektronische Vernetzung in Sekundenbruchteilen Milliardenbeträge auf der Suche nach höchstmöglichem Gewinn hin und her geschoben werden. Es gibt keine wirksamen Regeln, Satzungen und Gesetze, die diese Spekulationsakteure zu einem ethisch verantwortungsvollen Handeln zwingen könnten.

In diesem Zusammenhang ist ein Rekurs in die Vergangenheit des Bankwesens angebracht: Das Geschäftsfeld der Bankhäuser vor Gründung der ersten Sparkassen war in der österreichischen Monarchie nicht „der kleine Mann“, sondern ein ganz anderes Klientel, nämlich die Geschäftsleute. Die Banken trugen zweifellos zum Wirtschaftsaufschwung bei; jedoch die Bevölkerung verarmte. Vor diesem Hintergrund wurde 1819 auf Initiative eines Pfarrers die erste Sparkasse gegründet. Sie sollte als Gegengewicht zu den Bankhäusern eine Präventiveinrichtung gegen die weitere Verarmung der Bevölkerung und ein Instrument der Vermögensbildung der erwerbstätigen Bevölkerung sein. Die ersten Sparkassen waren Vereinssparkassen und wurden von

so genannten „Menschenfreunden" gegründet; das waren vor allem Adelige, Geistliche, hohe Verwaltungsbeamte, aber auch Ärzte, Apotheker oder Berufsvertretungen. Die Obergrenze der Spareinlagen war limitiert, man wollte nur Einlagen der ärmeren Bevölkerungsschichten und verzinste höhere Einlagen degressiv, d.h. für höhere Einlagen gab es geringere Zinssätze als für kleinere Einlagen. Damit wurde ein allzu großer Entzug des Geldes aus dem Wirtschaftskreislauf unattraktiv.
Im Jahre 1844 wurde das „Sparkassen-Regulativ" erlassen, wonach auch Gemeinden Sparkassen gründen konnten. In diesem Regulativ wurden die Sparkassen als gemeinnützige Anstalten zur Förderung der Sparsamkeit und Arbeitsamkeit bezeichnet, die Staatsaufsicht wurde eingeführt und Spenden wurden erlaubt, wonach die Gemeinnützigkeit der Sparkassen legalisiert wurde. Im Jahre 1854 wurde die Mündelsicherheit der Spareinlagen eingeführt. Dies bedeutete eine strenge Geldverwendungskontrolle und damit optimale Sicherheit für den Geldeigentümer. Die Sparkassensatzungen sahen beispielsweise auch vor, dass Liegenschaften bis maximal zwei Drittel ihres Wertes belastet werden durften.
Als Folge des Börsenkrachs von 1873 kam es zu einer großen Krise in der Kreditwirtschaft. Mehr als 100 meist kurz zuvor hauptsächlich für Spekulationsgeschäfte gegründete Banken wurden alleine in Wien liquidiert, der Sparkassensektor verlor hingegen kein einziges Institut. Dieser Fall zeigt, dass es sehr wohl Sinn macht, durch gesetzliche Regelungen, Verordnungen und Satzungen ein Ausufern des Geldgeschäftes in Richtung spekulativer Veranlagungsformen hintan zu halten.

Was kann man da machen?

Das ist die Realität: Mit dem Siegeszug des Neoliberalismus haben sich Banken und Sparkassen weitestgehend von den Prinzipien der Gemeinwohlorientierung entfernt. Fordern wir eine Rückkehr der Banken und Sparkassen zu ihren Kernfunktionen, wo das Finanzsystem wieder den Menschen dient.

Der Josephs-Pfennig

oder

Die wunderbare Geldvermehrung

(ein fiktives Beispiel zum Zinseszins-Effekt)

Hätte der Hl. Joseph im Jahre Null einen Pfennig
auf die imaginäre Bank von Jerusalem gelegt,
hätten seine Nachkommen bei 5 % Zinsen
100 Jahre später 1,11 DM abheben können.
Durch den Zinseszinseffekt hätte sich bis zum Jahr 296
ein Vermögen von 1 kg Gold angesammelt.
Dann geht es explosionsartig weiter:
Anno 1466 wäre es schon eine
Goldkugel im Gewicht der Erde.
Im Jahre 1749 sind es eine Million Erdkugeln in Gold.
1890 sind es schon 1 Milliarde Erdkugeln.

In den weiteren 100 Jahren von 1890 bis 1990
sind dann zusätzlich 133 Milliarden Goldkugeln im Gewicht
der Erde dazugekommen.
Da sich nach den Zinseszinsgesetzen jede Menge bei
5 % Verzinsung etwa alle 14 Jahre verdoppelt,
sind es im Jahr 2004 schon
268 Milliarden Erdkugeln aus Gold.

„Gibt es ein besseres Beispiel dafür,
dass der Zins die Erde fressen muss?“,
schreibt Margrit Kennedy in ihrem Buch
„Geld ohne Zinsen und Inflation“.

Eigene Anmerkungen:

Die Weltwirtschaftskrise der 1930er-Jahre 41

Allgemein wird davon gesprochen, und wir verspüren es auch, dass wir derzeit eine globale Wirtschafts- und Finanzkrise erleben, bei der sogar Parallelen zur verheerenden und folgenschweren Weltwirtschaftskrise der 1930er-Jahre gezogen werden. Da stellt sich natürlich die Frage: Wie kann es sein, dass es immer wieder zu solch schrecklichen Wirtschaftskrisen kommt? Lernt die Menschheit bzw. die Politik nichts aus diesen Katastrophen der Vergangenheit?

Was war nun der Grund für den Börsencrash 1929, der in den USA seinen Anfang nahm und die ganze Welt in eine tief greifende Depression stürzte? Über den Auslöser der damaligen Weltwirtschaftskrise gibt es keinen Zweifel. Es war das Platzen der Aktienblase. Aktien und Immobilien waren wegen rascher Wertsteigerung und niedrigen Zinsen zunehmend auf Kredit gekauft worden – bis der aufgeblähte Markt eben kollabierte und die Aktienkurse und damit die Illusion des Reichtums in sich zusammenbrachen. Der mit den panikartigen und massenhaften Verkäufen der Wertpapiere verbundene Abzug von Kapital stürzte das amerikanische Wirtschaftssystem in große Liquiditätsprobleme und die US-Wirtschaft kollabierte.

Warum hat sich nun aber der Aktiencrash in der Wall Street anschließend so verheerend auf die reale Weltwirtschaft ausgewirkt? Der Grund war der: Die amerikanischen Investoren und Kreditgeber hatten nach dem „Schwarzen Freitag" ihre im Ausland angelegten Gelder abgezogen und die Kredite rückgefordert, weil sie nun das Geld im eigenen Land zur Wirtschaftsbelebung dringend benötigten.

Damit wurde der Virus mangelnder Kaufkraft und Liquidität in die ganze Welt übertragen. Die Unternehmungen bekamen nur schwer Kredite; das Vertrauen der Bürger in die Zukunft schwand, man stellte Anschaffungen und Konsumausgaben zurück. Firmen wurden ihre Waren nicht mehr los, gingen pleite oder mussten weite Teile der Belegschaft entlassen. Die Zahl der Arbeitslosen schwoll unaufhörlich an.

Die Regierungen waren vielfach außer Stande, die richtigen Maßnahmen zur wirksamen Gegensteuerung zu setzen. So beschritten in dem Bemühen, die darniederliegende Wirtschaft wieder anzukurbeln, Deutschland und die USA völlig konträre Wege. Unter dem neuen Präsidenten Roosevelt kam es zu dem sogenannten „New Deal", mit dem man die wirtschaftliche Depression bzw. Deflation durch eine gezielte Inflationspolitik und eine Reform des Bankwesens bekämpfen konnte. Verringerung der Arbeitslosigkeit und der Armut und soziale Sicherheit waren vorrangiges Ziel. Außerdem wurde mit einem Banken-Notgesetz die Kontrolle der Banken und Börsen ermöglicht.
Im Gegensatz zu Amerika bestand das Krisenmanagement in Deutschland vornehmlich in einer rigorosen Spar- und Steuererhöhungspolitik, mit dem Ziel, damit den maroden Staatshaushalt zu sanieren.

Dieses Konzept ging jedoch nicht auf:
Wie wir sehen, hat man aus dieser leidvollen Geschichte bis heute nichts gelernt. Genau so wie damals ist es wieder in Amerika abgelaufen: Durch die Aktivitäten habgieriger Spekulanten und skrupelloser Banker kam es neuerlich zu einer unkontrollierten Aufblähung und Verschmelzung und letztlich zum Zusammenbruch der Finanzmärkte. Aber zum Unterschied von damals haben diesmal die Regierungen ungeheure Finanzmittel – allerdings nur vornehmlich zur Rettung der Banken – flüssig gemacht. Das Schlimmste wurde damit zunächst verhindert. Die Rechnung dafür muss aber von allen BürgerInnen noch bezahlt werden. Und sie wird sehr hoch sein: Denn der Großteil der Schadenssummen wurde wohlweislich in „Bad-Banken" ausgelagert oder schlummern bei den so genannten „Schattenbanken".

Was kann man da machen?

Wie die versuchte Krisenbewältigung der 1930er-Jahre in Deutschland zeigte, können zu rigorose Spar- und Belastungsmaßnahmen eine „Hyperdeflation" und Depression mit einem völligen Erlahmen der Wirtschaft bewirken. Lassen wir nicht zu, dass die Politik vordergründig ein untaugliches, ungerechtes und in Wirklichkeit menschenrechtswidriges Geldsystem retten will.

Wir stehen am Rand eines Bankrotts.

Warum? Das könnte man mit verschiedenen Faktoren erklären: Inflation, zunehmende Unausgeglichenheit von Angebot und Nachfrage, Haushaltsdefizit, fieberhafte Geldemissionen.

Das alles bedeutet nur eins: zunehmende Zerrüttung unseres Geld- und Finanzsystems und eine herannahende Krise, ähnlich wie wir sie Anfang der zwanziger Jahre und gleich nach dem Zweiten Weltkrieg erlebt haben.

Nikolai Schmeljow, russischer Ökonom,
(„Politik und Zeitgeschichte", 4. Mai 1990)

Eigene Anmerkungen:

Silvio Gesell und das „Freigeld" 42

Sollte es einmal zu dem längst überfälligen Wechsel vom derzeitigen ungerechten und unnatürlichen Zinseszins-Geldsystems zu einem, das einer „Natürlichen Wirtschaftsordnung" entspricht, kommen, dann wird wahrscheinlich der Name Silvio Gesell ganz vorne stehen. Dass wir in eine schwere Finanz- und Wirtschaftskrise geraten sind, liegt im Grunde darin, dass für das Geld derjenige, der es dem Wirtschaftskreislauf entzieht, dafür noch mit Zinsen belohnt wird.
Silvio Gesell (1862–1930) war als Sozialreformer seiner Zeit weit voraus. Bereits zu Beginn des 20. Jahrhunderts beschrieb er, wie die Ausbeutung von Mensch und Natur durch unsere Geldordnung erzwungen wird.
Silvio Gesell machte als erfolgreicher deutsch-argentinischer Kaufmann die Erfahrung, dass sich seine Waren manchmal schnell absetzen ließen und einen guten Preis erbrachten, während zu anderen Zeiten wiederum eine gegenteilige Entwicklung eintrat. Er erkannte bald, dass dieses Auf und Ab wenig mit dem Bedarf oder der Qualität der Güter zu tun hatte, sondern fast ausschließlich vom Preis des Geldes abhing, also den Zinsen, die das Verhalten der Geldbesitzer beeinflusste.
Sein Bestreben war, an der Erfüllung eines uralten Menschheitstraumes beitragen zu können: Frieden, Gerechtigkeit und Chancengleichheit für alle Menschen. Das Hindernis hierfür sah Gesell vor allem im damaligen Geldsystem und er warnte bereits 1918: „*Wenn das heutige Geldsystem, die Zinswirtschaft, beibehalten wird, so wage ich es, heute schon zu behaupten, dass es keine 25 Jahre dauern wird, bis wir vor einem neuen, noch furchtbareren Krieg stehen.*" Er sollte leider Recht behalten.
Eine der wichtigsten Theorien Gesells war, dass Geld der Wirtschaft nur als Tauschmittel dienen darf, sie aber nicht als Hortungsmittel lähmen darf. Dieses neue Geld bezeichnete Gesell als „Freigeld".
Was ist „Freigeld"? – Freigeld ist ein Bargeld, das nie ohne Risiko oder Schaden zurückbehalten werden kann und stets in einer Menge in Um-

lauf erhalten wird, wie es dem Warenangebot entspricht, so dass seine Kaufkraft fest bleiben muss.
Mit dem heutigen Geld dagegen kann der wirtschaftlich notwendige Geldkreislauf oft nur dadurch aufrechterhalten werden, dass von den Notenbanken große Mengen Bargeld neu in den Umlauf gebracht werden. Später fließen diese erfahrungsgemäß nie ganz zurück, sondern sie bleiben zum Teil im Umlauf, sodass sich Warenangebot und Tauschmittel Geld nicht mehr die Waage halten. Ein Grund für die seit 1914 andauernde Geldentwertung.
Mit dem Zuwarten der Geldausgabe, aus welchen Gründen immer, wird ein funktionierender Kreislauf empfindlich gestört.
Ein Vergleich mit unserem Körper ist angebracht: Wir fühlen uns gesund, wenn unser Herz ständig und ohne Unterbrechung das Blut in den Kreislauf pumpt. Ist es gestört, gibt es Probleme und es kann zum Kollaps kommen.
Einen Vorgeschmack davon haben wir mit der 2008 begonnenen globalen Finanzkrise schon bekommen.

Was kann man da machen?

Informieren Sie sich über alternative bzw. komplementäre Geldsysteme, damit Sie deren Vorteile in Gegenüberstellung mit dem jetzigen Währungssystem erkennen können. Es gibt schon sehr viele Komplementärwährungen, die parallel zum offiziellen Zahlungsmittel laufen und sich bestens bewähren. Sollten Sie einen Internet-Zugang haben, dann geben Sie einfach die Stichwörter *Komplementärwährung, Tauschkreise, alternative Geldsysteme* ein. Sie werden staunen, welch gewaltige Bewegung auf diesen Gebieten bereits im Gange ist. Die breite Masse der Bevölkerung in allen Staaten erkennt, dass eine grundlegende Änderung im System der Geldwirtschaft kommen muss, da sonst ein totaler Zusammenbruch mit verheerenden Folgen vorprogrammiert ist. Nur die Politiker selber wollen oder können das nicht erkennen.

Unser Geld

bedingt den Kapitalismus,
den Zins, die Massenarmut, die Revolte
und schließlich den Bürgerkrieg,
der zur Barbarei zurückführt ...

Wer es vorzieht,

seinen eigenen Kopf etwas anzustrengen,
statt fremde Köpfe einzuschlagen,
der studiere das Geldwesen.

Die ganze Erdkugel,

so wie sie da im prächtigen Flug um die
Sonne kreist, ist ein Organ eines jeden
einzelnen Menschen.
Dürfen wir nun gestatten, dass einzelne
Menschen Teile dieser Erde als
ausschließliches und ausschließendes
Eigentum in Beschlag nehmen? ...
Den Schwarzen, den Roten, den Gelben,
den Weißen – allen ohne Ausnahme
gehört die Erde ungeteilt.

(Zitate von Silvio Gesell)

Eigene Anmerkungen:

Das Wunder von Wörgl 43

Die große Weltwirtschaftskrise, die mit dem „Schwarzen Freitag“ am 24. Oktober 1929 beginnt, wurde durch einen geldpolitischen Fehler der amerikanischen Notenbank ausgelöst. Die Folge ist eine Hyper-Deflation, das Schlimmste, was einer Wirtschaft passieren kann. Es kommt auch in Europa zu einer Massenarbeitslosigkeit unvorstellbaren Ausmaßes. Die Arbeitslosigkeit grassiert wie die Pest und es gibt nichts mehr zu kaufen. Auch in Wörgl, ein Ort in Tirol mit 4.300 Einwohnern, sind 1.500 Menschen im gesamten Bezirk ohne Arbeit und 200 Familien absolut mittellos. Gegenüber der Sparkasse Innsbruck besteht eine Schuld in Höhe von S 1,300.000,–. Nicht einmal die Zinsen können hierfür bezahlt werden. Die Gemeinde ist bankrott. Der damalige Bürgermeister Michael Unterguggenberger fragt sich, warum Leute, die arbeiten wollen, das nicht tun können, nur weil kein Geld da ist, um sie zu bezahlen.

In dieser Notsituation kam dem Bürgermeister Michael Unterguggenberger die Theorie einer „*Natürlichen Wirtschaftsordnung*“ wie sie der Ökonom Silvio Gesell entwickelte, zu Hilfe. Kernaussage dieser Behauptung ist nämlich: „*Eine Wirtschaftskrise, also Absatzstockung und Arbeitslosigkeit mit ihren Begleiterscheinungen, ist nur bei weichenden Preisen denkbar. Nur wenn die Preise anhaltend und stark (meistens um 5 % jährlich) steigen, kann sich die Volkswirtschaft ohne Krise abwickeln …*“ Der Bürgermeister konnte nun tatsächlich seinen Gemeinderat und die Bürger davon überzeugen, dass sie mit der Einführung eines Geldexperimentes nach der Theorie Gesells viel zu gewinnen, aber nichts zu verlieren hätten. Ein gegründeter Wohlfahrtsausschuss gab eigene Geldscheine, die „Arbeitsbestätigungen“ genannt wurden, heraus. Dieses Ersatzgeld wurde mit dem gleichen Betrag der offiziellen Währung abgedeckt und war somit gleichwertig.

Was war nun das „Wunder“, dass mit dem neuen Geld die Wirtschaft sofort florierte und alle davon profitierten? Das neue Geld war ständig im Umlauf, es wurde nicht gehortet, sondern wurde zum Tauschmittel

im ursächlichen Sinne. Der Clou war der, dass dieses neue Geld mit einer Nutzungsgebühr von 1 % monatlich behaftet war. Diese Gebühr musste von demjenigen entrichtet werden, der die Geldscheine am Ende des Monats besaß. Die Zahlung erfolgte durch Aufkleben einer Marke auf der Rückseite mit dem Wert von 1 % des Nennwertes. Die Geldscheingebühren flossen in die Gemeindekasse zum Wohl der Gemeinschaft. Ohne diese Marke war das Geld ungültig. So trachtete also jeder, der den Geldschein als Bezahlung erhalten hatte, diesen so schnell wie möglich für Käufe und Investitionen wieder auszugeben. Das Geld wurde deswegen nicht durch Hortung dem Wirtschaftskreislauf entzogen. Es wurde zum ausschließlichen Tauschmittel und hatte nicht mehr die zusätzliche Funktion für einen Zinsertrag.
Der Erfolg dieses Experiments war überwältigend: Überall in Wörgl wurde gebaut und investiert. Innerhalb von 14 Monaten nahm die Arbeitslosenquote von 21 auf 15 % ab, während sie im übrigen Österreich anstieg. Das „Wunder von Wörgl" fand in der Folge viele Nachahmer im In- und Ausland. Interesse zeigten sogar die beiden Wirtschaftswissenschaftler John Maynard Keynes und Irving Fisher.
Diesem erfolgreichen „Schwundgeld"-Experiment wurde jedoch von der österreichischen Nationalbank bereits nach einem Jahr ein jähes Ende gesetzt, und zwar mit der Begründung, dass die Ausgabe von Geld nur der Notenbank gestattet sei. Experten waren und sind jedoch der Überzeugung, dass die allgemeine Einführung eines „Schwundgeldes" das Land vor einer folgenschweren Depression und Deflation bewahrt hätte.

Was kann man da machen?

Schreiben Sie an die Österreichische Nationalbank, Otto-Wagner-Platz 3, 1090 Wien, E-Mail über www.direktzurnationalbank.at und fragen Sie nach, wie heute die Nationalbank zu Komplementärwährungen steht. Werden diese toleriert bzw. unterstützt? Mit welchen Auflagen muss gerechnet werden?

„Das Geld spielt im Wirtschaftskörper
dieselbe Rolle wie das Blut
im Körper des Menschen.
Soll der Körper seine verschiedenen
Lebensfunktionen erfüllen,
muss der Kreislauf des Blutes
ungehemmt vor sich gehen.
So ist es auch notwendig,
dass das Geld umläuft, damit die
allgemeine Beschäftigung zur
Wirklichkeit werde."

Eduard Daladier,
ehem. französischer Ministerpräsident
auf der Londoner Konferenz 1934

Eigene Anmerkungen:

Die Angst der Notenbank **44**

Anfang der 1930er-Jahre, zur Zeit der großen Weltwirtschaftskrise, sorgte der sozialdemokratische Bürgermeister von Wörgl, Michael Unterguggenberger, für ein regionales Wirtschaftswunder. Er realisierte in seinem Ort die Theorie der *„Natürlichen Wirtschaftsordnung“* des Vordenkers Silvio Gesell. Die nach Einführung des so genannten „Schwundgeldes“ eingetretene Wirtschaftsbelebung war so erkennbar und nachhaltig, dass sich nicht nur weitere österreichische Gemeinden, sondern auch andere Staaten (z. B. sogar Amerika) für dieses neue Geldsystem interessierten.
Im Juni 1933 hielt Bürgermeister Unterguggenberger in Wien einen Vortrag vor 170 Bürgermeistern und sie waren alle nach Prüfung der Gemeinderechnung und der Berichte aus Wörgl der Meinung, man müsste auch in ihren Gemeinden dieses „Zaubergeld“ einführen. Dieses „Wunder“ erklärt folgender Vergleich: In Österreich hielt damals die Nationalbank für die rund 6 Millionen Einwohner 914 Millionen Schilling im Jahresdurchschnitt im Verkehr, das sind pro Kopf 153 Schilling. Als in Wörgl am meisten Arbeitsscheine ausgegeben wurden, waren es 7.443 Schilling oder pro Kopf nicht einmal 2 Schilling. Aber diese 2 Schilling pro Kopf haben in Wörgl in den Jahren 1932 und 1933 mehr Einkommen und Verdienst geschaffen als die 153 Schilling der Nationalbank. Warum? Weil es das „Schwund“-Geld war, das die Leute veranlasste, es zu dem zu gebrauchen, zu dem es geschaffen worden war, zum Zahlen, zum Erledigen der Geldgeschäfte, zum Tauschen.

Das so erfolgreiche Konzept zur Wiederbelebung der regionalen Wirtschaft war allerdings der österreichischen Notenbank ein Dorn im Auge, da sie ihr Geldmonopol gefährdet sah. Zunächst erließ die Bezirkshauptmannschaft Kufstein ein Verbot des Wörgler Notgeldes mit der Begründung, dass damit gegen bestehende Gesetze verstoßen wird. Die Gemeinde Wörgl widersetzte sich diesem Verbot und legte dagegen Beschwerde ein. Das Streitverfahren durchlief sämtliche Instanzen bis zum Verwaltungsgerichtshof in Wien, der am 18. November 1933 endgültig die Beschwerde der Gemeinde Wörgl abwies. Im Gegensatz zur Silvio Gesells Theorie, wonach nur ein permanenter und garantierter Geldumlauf eine Wirtschaft am Leben erhalten kann, verfolgte die Notenbank weiterhin eine Politik der Reduzierung der im Umlauf befindlichen Geldmittel, da sie aus der Erkenntnis der 1920er-Jahre eine Hyperinflation befürchtete. Namhafte Wirtschaftswissenschaftler warnten jedoch eindringlich vor einer damit verbundenen möglichen Deflation und der Gelehrte R. H. France schrieb: *„Bei vermindertem Geldumlauf muss die Zivilisation dahinsiechen und, wenn nicht rechtzeitig eingegriffen wird, untergehen."*

In diesem Zusammenhang ist auch ein Artikel des Schweizer Journalisten und Redakteurs der überparteilichen Wochenzeitung „Schweizerische Republikanische Blätter" Johann Baptist Rusch (1919–1954) interessant, wo er schrieb, als Österreich dem Nationalsozialismus zum Opfer fiel: *„Hätte man seinerzeit das Experiment in Wörgl nicht verboten, sondern es nach und nach für das ganze Land eingeführt, so wäre Österreich heute noch unabhängig und frei!"*

Was kann man da machen?

Eine globale Wirtschaftskrise, die erfahrungsgemäß durch exzessive Geldspekulationen ausgelöst wird, kann aus der Erkenntnis der 1930er-Jahre vornehmlich durch Sicherung des Geldumlaufs gemeistert werden. Aus diesem Grunde pumpen diesmal die Notenbanken gigantische Geldmittel in den Wirtschaftskreislauf. Es ist zu hoffen, dass diese Mittel der Realwirtschaft dienen und nicht eine neuerliche Spekulationsblase erzeugen.
Schreiben Sie an das Direktorium der österr. Nationalbank, Otto-Wagner-Platz 3, 1090 Wien, E-Mail-Kontakt unter: www.oenb.at, nehmen Sie Bezug auf das „Experiment Wörgl" und stellen Sie die Frage, warum exklusiv an einem Zins-Geldsystem festgehalten wird, das nachweislich periodische Zusammenbrüche mit verheerenden Folgen für Wirtschaft und Gesellschaft verursacht.

Reaktionen der Wörgler Bürger auf das Freigeld-Verbot der Notenbank

Direktor: *„Wenn der Bürgermeister seinen Willen durchsetzen kann, wird er sicher noch viele Arbeiten für die Gemeinde durchführen können. Statt die Sache zu verbieten, wäre es besser, auf größerem Gebiet weiterzufahren.“*

Präsident des Gewerbeverbandes: *„Ich bin ganz entschieden gegen das Verbot. Lieber einsperren lassen, als mit der Aktion aufhören. Wenn wir dieses Geld nicht hätten, wäre hier überhaupt kein Geschäft mehr möglich. Ich betrachte das Geld als vollkommen sicher und würde es bedauern, wenn es verschwände.“*

Pfarrer: *„Ich bin gegen das Verbot. Mit dem Notgeld könnte die Industrie belebt werden.“*

Spengler: *„Das Verbot wird für uns ein Nachteil sein. Schaden hat bisher niemand gehabt. Bis dahin wurde immer nur geredet; unser Bürgermeister hat nun einmal gehandelt und nicht nur geredet.“*

Schneider: *„Ich wünsche die Fortsetzung. Die Sache ist ja so einfach, dass ein kleiner Schüler sie verstehen kann.“*

Arzt: *„Das Verbot wäre blödsinnig, weil ja niemand geschädigt wird.“*

Eigene Anmerkungen:

Blütezeit mit dem Brakteaten-Geld 45

Wie entscheidend ein Geldsystem für das Wohl und Weh der Menschen sein kann, sei an folgendem Beispiel erklärt:
Es ist eine geschichtliche Tatsache, dass es im Hochmittelalter (12. und 13. Jh.) zu einer vorher und nachher nie mehr da gewesenen wirtschaftlichen und kulturellen Hochblüte in weiten Teilen Deutschlands kam. Zu verdanken ist diese Zeit des allgemeinen Wohlstandes der Einführung eines so genannten Schwundgeldes im Jahre 1154 unter Kaiser Friedrich I. Barbarossa. Grund für diese Neuerung im Geldwesen war, dass für die Prägung der damals gebräuchlichen Silbermünzen immer weniger Silber zur Verfügung stand. Um also Silber zu sparen, wurden nur mehr sehr dünne Silbermünzen erzeugt, deren Wert in einer einseitigen Prägung bestimmt wurde. Diese als Brakteaten (vom lat. *bractea* „dünnes Metallblech") bezeichneten Münzen mussten wegen ihrer Zerbrechlichkeit in gewissen Zeitabständen wieder aus dem Verkehr gezogen werden und waren daher nur für eine bestimmte Zeit lang gültig. Sie wurden mehrmals jährlich gegen neue Brakteaten eingetauscht, und zwar dergestalt, dass man z. B. für vier alte Brakteaten drei neue bekam. Der einbehaltene Brakteat wurde Schlaggeld genannt und war die Steuereinnahme der Münzherren. Auch das allgemeine Zinsverbot spielte eine große Rolle, welches in der keltogermanischen Rechtstradition seinen Ursprung hatte und als christliches Gebot kraft der Autoritat der Kirche untermauert wurde.
Dieser Geldverlust machte es unattraktiv, Geld zu horten oder damit zu spekulieren. Deshalb war man bestrebt, das Geld möglichst rasch wieder auszugeben, denn für Geld, was man nicht hatte, brauchte man auch keine Steuern zu bezahlen.
Das überschüssige Geld wurde demnach in wertvolles Mobiliar, in Liegenschaften, in Kunstwerke und sonst wertsteigernde Güter investiert. Hatte man selber keine Verwendung mehr, dann verlieh man es an jene weiter, die Geld benötigten; den „Schwarzen Peter" des Umlaufverlustes hatte dann der neue Geldleiher. Der Verleiher bekam

nach Ablauf der Leihdauer nämlich wieder den vollen Wert zurück. Das Brakteaten-Geld wurde zur Grundlage für die wirtschaftliche und kulturelle Hochblüte im Hochmittelalter. Die Bautätigkeit in der Zeit des Brakteaten-Geldes war enorm. Es wurden in dieser großen Phase der mittelalterlichen Städtebildung die von uns heute so bestaunten Bauwerke, wie Kathedralen und Städte wie Rothenburg ob der Tauber und Dinkelsbühl errichtet. Diese wirtschaftliche und kulturelle Blütezeit gab es dank dieses an sich einfachen aber genialen Geldsystems zwei Jahrhunderte lang.
Aber Ende des 15. Jahrhunderts wurde dieses umlaufgesicherte und somit wohlstandbringende Geld unter Kaiser Maximilian I. wieder abgeschafft. Das „römische Recht" wurde wieder eingeführt und auf Betreiben der Kirche war auch der Besitz von Boden im Privateigentum erlaubt, und an Stelle der segensreichen Münzverrufung trat der „ewige Pfennig" als neues Zahlungsmittel. Die Fugger und Welser konnten so über den Geldverleih mit Zins und Zinseszins an Könige und Kaiser bald ungeheuren Reichtum ansammeln. In dem gleichen Maße, wie wenige profitierten, verarmte die Mehrheit der Bauern und Handwerker. Bauernaufstände waren die Folge. Es kam 1525 zum großen Bauernkrieg und ein Jahrhundert später brach der Dreißigjährige Krieg aus und brachte unsägliches Leid über ganz Europa. Dieses Zeitdokument erklärt in einer dramatischen Deutlichkeit, dass es immer das Geld ist, welches sowohl segensreich für alle Menschen sein kann, aber auch unendlich viel Leid, Ungerechtigkeit, Zerstörung und Tod über die Menschheit bringen kann. Den Unterschied macht nur das kleine Wort „Zins".

Was kann man da machen?

Verstärkung des Bewusstseins, dass es tatsächlich unser herrschendes Geldsystem mit Zins und Zinseszins ist, welches zu einer immer größeren Verschuldung und zu einer Vermögensverschiebung von Arm und Reich führt.

Der Zins ist ein Tribut,

den der Schaffende – vom Industriearbeiter bis zum Bauern und Unternehmer – dem Geldleiher entrichten muss, damit überhaupt gearbeitet werden kann. Der Zins wird in den Preis aller Waren eingerechnet und dadurch auf die Konsumenten abgewälzt. Er ist eine erdrückende Last für die große Mehrheit und eine mühelose Einnahmequelle für eine kleine Minderheit der Bevölkerung.

Der Zins ist arbeitsfreies Einkommen und daher ethisch nicht zu verantworten.

(Hansjürg Weder, Schweizer Nationalrat, 1990)

Eigene Anmerkungen:

Pfarrer gründet eine Bank 46

Im 19. Jahrhundert lag die Armenfürsorge vornehmlich in den Händen der Kirchen und Klöster. So war es kein Zufall, dass ein Pfarrer im Jahre 1819 zum Mitbegründer der ersten Sparkasse Zentraleuropas wurde. Johann Baptist Weber (1786–1848) hatte zuerst eine „Pfarrkasse" in seiner Wiener Vorstadtgemeinde St. Leopold eingerichtet, wo er zinsenlose Kredite an bedürftige Bürger vermittelte. Pfarrer Weber verstand zunächst seine *Erste Oesterreichische Spar-Casse* als „Bank der kleinen Leute" und er wollte mit dieser Bankgründung der überhand nehmenden Massenverarmung entgegenarbeiten. Hier sollten sie die Möglichkeit bekommen, mit ihren bescheidenen Ersparnissen Kapital aufzubauen, um es, wie die Statuten der Sparkasse es vorsehen, *„in späteren Tagen zur Begründung einer besseren Versorgung, zur Aussteuer, zur Aushilfe in Krankheit, im Alter, oder zur Erreichung irgend eines löblichen Zweckes zu verwenden"*.

Das Gegenstück zu dieser aus humanitären Erfordernissen und aus christlicher Überzeugung erfolgten Gründung der *Ersten österreichischen Sparkasse* durch einen Pfarrer war die Bank des Papstes, die Vatikanbank IOR (Institut für Werke der Religion). Auch diese Bank wurde von geistlichen Würdenträgern gegründet.
Nun hat das Buch des italienischen Journalisten Gianluigi Nuzzi „Vatikan AG" wie eine Bombe eingeschlagen und ein mögliches Nachbeben könnte die römisch katholische Kirche noch in ihren Grundfesten erschüttern: Die Vatikanbank war Drehscheibe für Geldwäsche, Schmiergeldzahlungen und Steuerhinterziehung. Der Fall zeigt exemplarisch auf, wie die Todsünde Habgier in all ihren unmoralischen Facetten auch in den heiligen Hallen des Vatikans ihr Unwesen treiben kann.
Die Chronologie: Das Konkordat mit Italien garantierte der Vatikanbank völlige Autonomie und vollen Schutz: Keine Regulierungen, keine Zusammenarbeit mit Fiskus und Polizei, volle Anonymität, keine Bi-

lanzen, keine Rechenschaftsberichte. Skrupellose Banker, unmoralische Politiker und gewissenlose kirchliche Würdenträger erschlichen sich unter diesen idealen Voraussetzungen das Vertrauen mancher Päpste. Für sie war die Vatikanbank das Offshore-Paradies auf Erden.

Das „*Trio Infernale*", der amerikanische Erzbischof Paul Casimir Marcinkus (Präsident der Vatikanbank), Michele Sindona (Rechtsanwalt, Finanzjongleur und Bankier der Mafia) und der „Bankier Gottes" Roberto Calvi (Chef der Banco Ambrosiano) baut in den 1970er-Jahren ein undurchsichtiges Finanznetzwerk zur Geldwäsche auf – Nach dem Tode des Papstes Paul VI. 1978 will der neue Papst Johannes Paul I. die Vatikanbank reformieren – Papst Johannes Paul I. stirbt am Tage nach dieser Entscheidung – 1982 geht Calvis Banco Ambrosiano (alias „Bank der Priester") wegen hochriskanter Finanzgeschäfte bankrott und zieht eine ganze Reihe von Banken mit in den Abgrund. – Calvi flieht nach London und wird erhängt auf der Brücke der Schwarzen Mönche gefunden (vorher erdrosselt von der Mafia) – Sindona verschuldet den Crash der Franklin Bank in den USA und wird dort zu lebenslanger Haft verurteilt. Er stirbt im Gefängnis an einer Tasse vergifteten Kaffees – Die Vatikanbank zahlt freiwillig 240 Millionen Dollar an die geschädigten Banken – 1990 wird der lombardische Banker Angelo Caloia neuer Präsident der Vatikanbank, um als integerer Banker mit den kriminellen Machenschaften aufzuräumen; doch der neue „Banker Gottes" betreibt mit Strohmännern, Tricks und mit dem „Schwarzgeld-Kofferträger" Prälat Donato De Bonis die schmutzigen Geldgeschäfte über eine ausgeklügelte und kaum durchschaubare doppelte Buchführung weiter.

Dass aber letztendlich dieser Sumpf doch aufgedeckt werden konnte, ist einem Mitglied der vatikanischen Hochfinanz, Monsignore Renato Dardozzi, zu verdanken. Er hat über Jahre hinweg ein geheimes Archiv von mehr als 4.000 Dokumenten angelegt und in die Schweiz geschmuggelt. Die Dokumente beweisen Geldwäsche im Dienste der Mafia, die Blockade von Korruptionsermittlungen, Schmiergeldaffären und geheime Nummernkonten. Dardozzi schwieg als getreuer Kirchenmann zeit seines Lebens über die skandalösen Vorgänge, doch in sei-

nem Testament verfügte er, dass sein geheimes Archiv nach seinem Tod veröffentlicht werden soll. Die Testamentvollstrecker wandten sich 2003 an den prominenten italienischen Journalisten Gianluigi Nuzzi. Nach intensiven mehrjährigen Nachrecherchen trat er 2009 mit dem Buch „Vaticano S.p.A." an die Öffentlichkeit.
Dass all diese Vorwürfe stimmen dürften, ist schon alleine daraus ersichtlich, dass der Vatikan zu diesen schweren Anschuldigungen weitestgehend schweigt – wahrscheinlich in der Hoffnung, dass „die Zeit die Wunden heilt". Auch die Medien stürzen sich kaum auf dieses „Fressen" – ein mögliches Indiz dafür, dass man sich mit dem Vatikan nicht zu sehr anlegen will?
Dem jetzigen Papst ist zu verdanken, dass endlich mit der alten Riege der Vatikanfinanz aufgeräumt wurde: In seiner Enzyklika „*Caritas in Veritate*" ruft er zur Finanzethik und zu Transparenz auf den Finanzmärkten auf. Es kann angenommen werden, dass sich die römisch-katholische Kirche der Worte ihres Religionsgründers Jesus Christus aus seiner Bergpredigt erinnert und diese im eigenen Hause in die Realität umsetzt: „*Ihr könnt nicht beiden dienen: Gott und dem Mammon!*" (Matthäus 6, 24). Konkret hieße das: Wiedereinforderung eines allgemeinen Zinsverbotes, wie es vor allem die römisch-katholische Kirche (sogar bei sonstiger Exkommunikation) bis ins 19. Jahrhundert verlangt hat.

Was kann man da machen?

Lesen Sie das Buch „*Die Vatikan AG*" von Gianluigi Nuzzi! Informieren Sie sich über das Internet! Schreiben Sie an Kirchenzeitungen und an die KathPress Singerstraße 7/6/2, 1010 Wien, E-Mail redaktion@kathpress.at und verlangen Sie Stellungnahmen zu den aufgedeckten damaligen Praktiken der Vatikanbank! Fordern Sie Initiativen der Kirchen zur Neuordnung des herrschenden Geldsystems!

Eigene Anmerkungen:

Wer zahlt die Staatsschulden zurück? 47

Fühlen Sie sich „schuldig", wenn Sie von einer Staatsverschuldung Österreichs in Höhe über 200 Milliarden Euro (Stand 2010) hören? Umgerechnet auf jeden Bürger macht das 25.000 Euro pro Person aus. Um sich eine Vorstellung davon zu machen, welche Größenordnung 200 Milliarden haben, folgender Vergleich: Würde der Finanzminister (die Finanzministerin) diese Schuld einkassieren wollen und es würde ihm jeder Mann, jede Frau und jedes Kind im Abstand von jeweils 1 Sekunde einen Euro ins Körberl werfen, er/sie würde dazu 6.400 Jahre brauchen.

Die Verschuldung eines Staates wird gemessen am Bruttoinlandsprodukt (BIP), welches die Größe einer Volkswirtschaft am Geldwert aller im Inland an Haushalte verkauften Güter und erbrachten Dienstleistungen beschreibt. Mit einer Gesamtverschuldung von 72 % liegt Österreich etwa im EU-Durchschnitt. Wesentlich höher verschuldet ist beispielsweise Italien mit 120 % und Griechenland mit 160 %. Weltweit ist es allerdings Japan mit 200 %. Die USA ist mit unvorstellbaren 15 Billionen Dollar (100 % des BIP) verschuldet und dieser Schuldenberg erhöht sich jährlich alleine um hunderte Milliarden Dollar an Zinsen (452 Milliarden Dollar im Jahr 2008).
Die Frage ist nun: Können diese astronomisch hohen Staatsschulden überhaupt jemals getilgt werden? Die Dramatik hoher Staatsschulden liegt in der Tatsache, dass sie unaufhaltsam dem Wirtschaftswachstum davonlaufen und von Jahr zu Jahr mehr werden. Warum ist das eigentlich so? Der Hauptgrund hierfür liegt in den Zinsen, die der Staat jährlich für aufgenommene Kredite und ausgegebene Anleihen zahlen muss (2010 waren es in Österreich etwa 7 Milliarden Euro an Zinsen). Das von Politikern und einigen Wirtschaftsforschern immer wieder beschworene und geforderte Wirtschaftswachstum wäre also alleine schon deshalb notwendig, um die horrenden Zinsen für die Staatsschulden bezahlen zu können. Da aber die Staatseinnahmen nicht rei-

chen, um die anfallenden Zinsen auch tatsächlich daraus zu begleichen, ist der Staat genötigt, sich immer höher zu verschulden. Fällige Kredite werden mit neuen Krediten zurückbezahlt. Diese Problematik, von der jedenfalls die hochverschuldeten Staaten betroffen sind, möge folgendes fiktives Beispiel veranschaulichen:
Nehmen wir an, ein Staat könnte die fälligen Zinsen aus Staatseinnahmen nicht bezahlen, sondern diese erhöhen jährlich die Staatsschulden. Durch den Zinseszins-Effekt wächst die Staatsschuld immer schneller und es kommt zu einer regelrechten Zins-Lawine. Angenommene Staatsschuld 100 Milliarden im Jahre 1980. Bei einem zugrunde gelegten Zinssatz von 5 % p.a. ergibt sich durch den Zinseszins-Effekt folgende Schuldenexplosion:
1980: 100 Mia., ***1985:*** 131 Mia., ***1990:*** 167 Mia., ***1995:*** 212 Mia., ***2000:*** 271 Mia., ***2005:*** 346 Mia., ***2010:*** 441 Mia., ***2015:*** 563 Mia., ***2020:*** 719 Mia.
Es ist somit völlig absurd zu glauben, dass ein Staat, der hoch verschuldet ist, auf normalem Wege, d. h. mittels Steueraufkommen und rigorosen Sparmaßnahmen seine Schulden jemals loswerden kann.
Es bleibt also die Frage offen: Wie entledigt sich dann der Staat seiner Schulden? Durch eine inflationäre Währungsreform? Dann sind allerdings auch alle Ersparnisse in Geldform, also insbesondere Sparguthaben, Wertpapierdepots und Lebensversicherungen wertlos.

Was kann man da machen?

Glauben Sie nicht jenen Politikern, Finanzexperten, Wirtschaftswissenschaftlern und Meinungsforschern, die uns weismachen wollen, dass durch eisernes Sparen und Steuererhöhungen die Staatsschulden zurückbezahlt werden können. Auch künftigen Generationen wird dies nicht gelingen! Solange das herrschende Zins-Geldsystem nicht abgeschafft wird, kann es keine gerechte Lösung für dieses Problem geben. Konfrontieren Sie Politiker und Wirtschaftsfachleute mit dieser Frage und verlangen Sie eine Aufklärung – am besten in schriftlicher Form.

Ein offener Brief an den Politiker

Der ehemalige Ministerpräsident des Freistaats Bayern war ein engagierter Verfechter eines zügigen Schuldenabbaus – vor allem in Hinblick auf die gigantische Höhe der Zinszahlungen, die von Bund, Ländern und Gemeinden aufgebracht werden müssen. Er forderte, dass die Politik des Schuldenmachens schleunigst beendet werden muss und malte sogar das drohende Gespenst des Staatsbankrotts an die Wand. Für den deutschen Autor und Verleger Egon W. Kreutzer war das von Stoiber verordnete Rezept nicht zielführend und er schreibt in einem 2006 verfassten offenen Brief an ihn:

„... Doch der Ausweg, den Sie anbieten, führt nicht zur Erlösung, sondern nur in einen anderen Winkel der gleichen Hölle. Es ist unter den Bedingungen unseres Geldsystems schlicht unmöglich, einmal entstandene Schulden wieder aus der Welt zu schaffen, ohne dabei die für Handel und Wandel unerlässliche Menge umlaufenden Geldes zu mindern ... Das vorhandene Geld reicht bei Weitem nicht aus, auch nur die Hälfte der Schulden zu tilgen ... denn vieles, was wir als Geld bezeichnen oder sogar für Geld halten, in Wahrheit gar keines ist.“

Eigene Anmerkungen:

Auf der Suche nach dem größtmöglichen Profit bewegen Währungsspekulanten täglich etwa 3 Billionen (bzw. 3.000 Milliarden) Dollar (das sind 2.140 Milliarden Euro) im internationalen Geldcasino mit Lichtgeschwindigkeit rund um die Welt. Das Internet macht es möglich. Haben Sie eine Vorstellung, wie viel 3 Billionen Dollar sind? Ein Beispiel zur Veranschaulichung:
Angenommen, Sie hätten die Möglichkeit, mit einer Druckerpresse in jeder Sekunde eine Dollarnote zu drucken. Da Sie also 3.000 Milliarden Dollarscheine drucken wollen, brauchen Sie dazu 3.000 Milliarden Sekunden und das sind – Sie werden es kaum glauben – ca. 96.000 Jahre! Sie können dies leicht nachrechnen.
Die Größenordnung der ständig steigenden Staatsverschuldungen kann nur durch solcherart visueller Vergleiche begriffen werden:
Österreich hatte 2010 eine Staatsverschuldung von rund 200 Milliarden Euro bzw. 72 % des BIP. Eine fiktive Annahme: Die österreichischen StaatsbürgerInnen dürfen die vom Staat angehäufte und alleine durch Zinsen immer größer werdende Schuldenlast nicht auf die kommenden Generationen abwälzen, sondern müssen sie auf einmal zurückzahlen und zwar in 100-Euro-Scheinen. Die im Fernsehen oft gezeigten Banknotenbündel zu je 1000 Geldscheinen haben eine Dicke von etwa 12 cm. 2 Millionen solcher Bündel im Gesamtwert von 200 Milliarden Euro ergeben eine Länge von 240.000 cm bzw. 2,4 km. (Gäbe es 1-Euro-Noten, wie beim Dollar, dann wäre das 200-Milliarden Euro-Banknotenband 240 km lang.)
Die Dramatik zu hoher und daher nicht mehr aus eigener Wirtschaftskraft rückzahlbarer Staatsschulden zeigt das Beispiel Griechenland. Das jahrzehntelange Totalversagen der Politik hat die Staatsschuld auf 375 Milliarden Euro (160 % des BIP) per Ende 2011 anwachsen lassen. Während nun die großen Profiteure dieses korrupten Systems auf ihren Inseln, Jachten, in den Banken und sonst wo sitzen, sitzen 4 Millionen griechische Erwerbstätige auf ihren 94.000 Euro großen Schuldenbergen.

Wie viel ist nun 1 Billion, die 12 Nullen hinter dem Einser hat?
Damit man sich vorstellen kann, was eine Billion in 100-Dollar-Noten ausmacht, ist folgendes Bild hilfreich: Die 100-Dollar-Note, der größte Geldschein der USA, soll auf Standardpaletten (1 m³) gestapelt werden: 100 Millionen in 100-Dollar-Noten passen auf eine Palette. 1 Milliarde kommen auf 10 Paletten zu je 100 Millionen Dollar. Für eine Billion Dollar braucht man schon 10.000 Paletten zu je 100 Millionen Dollar. Diese Geldmenge füllt ein Fußballstadion im Flächenmaß von 100 x 50 m aus, wobei die Paletten doppelt gestapelt, also 2 m hoch sind. Die derzeitige Staatsverschuldung der USA von 15 Billionen Dollar (100 % des BIP) macht also 15 solcher „American Football"-Felder aus. Ein anderer Vergleich kann diese astronomische Staatsverschuldung noch deutlicher veranschaulichen: 15 Billionen in 1-Dollar-Noten, in 15 Milliarden Bündel zu je 1000 Geldscheinen hintereinander gereiht, ergäbe ein Band in der Länge von ungefähr 15.000 km; das ist etwa die Entfernung von Wien nach New York und zurück.
Übrigens: Die Finanzkrise 2008/09 hat angeblich etwa 50 Billionen (!!) Dollar vernichtet! Mit dieser Summe könnte unsere Erde mit einem durchgehenden Band aus 1-Dollar-Banknotenbündel umwickelt werden …
Tatsache ist: Es ist nicht zu wenig Geld in der Welt, sondern ein Vielfaches von dem, was zum reibungslosen Funktionieren der Wirtschaftsabläufe notwendig wäre. Geld produziert sich mit dem Zinseszins-Effekt und mit dem Geldschöpfungsmonopol der Banken von selbst. Nachdem aber die Politik mit den Lobbyisten der Finanzindustrie durchsetzt ist, wird sich nichts ändern.

Was kann man da machen?

Da unser Geldsystem strukturbedingt und mit Zustimmung der offiziellen Volksvertretungen die Vermögensverlagerung von Arm zu Reich immer mehr beschleunigt, muss es abgeschafft werden. Fordern wir das nachdrücklich!

Billionen aus dem Nichts
Explodierender Euro-Rettungsschirm

Der Euro-Rettungsschirm ist zu klein und soll daher auf bis zu zwei Billionen Euro erweitert werden – ohne zusätzliches Geld … Alle fünf Peripherieländer Griechenland, Irland, Portugal, Spanien und Italien haben in den nächsten drei Jahren einen Finanzbedarf von knapp 920 Milliarden Euro … Eine einfache Aufstockung des Rettungs-Fonds gilt als politisch nicht durchsetzbar. Daher wird es nun ein „Versicherungsmodell" geben.
Hier leihen sich die Krisenstaaten weiter Geld an den Finanzmärkten. Der EFSF (European Financial Stability Facility) räumt den Anlegern aber eine Ausfallversicherung ein. Bis zu einer bestimmten Obergrenze ersetzt er ihnen mögliche Verluste. Diese Garantie würde die Anleihen der Peripheriestaaten für Investoren attraktiv machen … Garantiert der EFSF beispielsweise die Kredite zu 50 Prozent, würde sich seine effektive Wirkungskraft damit verdoppeln. Denn er könnte nicht nur 440 Milliarden Euro verleihen, sondern über Garantien in Höhe von 440 Milliarden Euro den Peripheriestaaten Kredite über 880 Milliarden Euro zugänglich machen …

(Auszug aus einem Artikel in der Frankfurter Rundschau vom 20. 10. 2011)

Frage: Kennen Sie sich aus?
Es kommt jedenfalls noch einiges auf uns zu!

Eigene Anmerkungen:

Und dann kommt die Hyper-Inflation 49

Die meisten (jüngeren) Menschen können mit dem Begriff „Hyper-Inflation" überhaupt nichts anfangen. Hyperinflation ist eine Form der Inflation, in der sich das Preisniveau sehr schnell erhöht, etwa ab einer monatlichen Inflationsrate von 50 %, die einer jährlichen Rate von ca. 13.000 % entspricht. In den Jahren 1922/23 betrug die Inflationsrate in Deutschland durchschnittlich 30.000 % im Monat! Die Menschen mussten mit Rucksäcken und Schubkarren voller Banknotenbündel das Allernotwendigste zum Leben einkaufen. Ein Beispiel für den Preisverfall: 1 Liter Milch kostete am 9. 6. 1923 in Berlin 1.440 Reichsmark und am 2. 12. 1923 unvorstellbare 360 Milliarden Reichsmark. Die Hyperinflation von 1923 war im Wesentlichen eine Spätfolge der gigantischen Kosten des Ersten Weltkriegs und der hohen Reparationszahlungen an die Siegermächte. Eine Blase, die fünf Jahre nach der Kapitulation endgültig platzte. Aber eigentliche Ursache der schon ab 1919 beginnenden Hyperinflation war die massive Ausweitung der Geldmenge durch den Staat in den Anfangsjahren der Weimarer Republik um die Staatsschulden zu beseitigen

Eine Hyperinflation, wie es sie damals in der Zwischenkriegszeit gab, könnte laut Expertenmeinung durchaus wieder kommen und zwar dann, wenn zumindest 3 Faktoren zusammentreffen:

1. eine „Explosion" der Geldmenge,
2. eine ausufernde Staatsverschuldung und
3. eine schwere Wirtschaftskrise.

Unter solchen Gegebenheiten könnte so eine Hyperinflation noch um einiges schlimmer sein als damals, denn: In den letzten 30 Jahren hat sich die weltweite Geldmenge ver-40-facht (!). Eine Golddeckung, wie sie das Bretton-Woods-Abkommen vorsah, gibt es nicht mehr, da diese in den 1970er-Jahren von Präsident Nixon aufgehoben wurde. Die US Notenbank fing darauf hin an, unentwegt Geldnoten zu drucken, um einen künstlichen Aufschwung zu erzeugen. Wenn der Geldschöpfung

der Banken „aus dem Nichts“ (also ohne Deckung) keine natürlichen Grenzen gesetzt sind, dann kann die Geldmenge beliebig ausgedehnt werden. Steigt also die Geldmenge schneller als die Wirtschaft wächst, dann kommt es zu einer Kaufkraftminderung des Geldes (Inflation).
Das weitere Kriterium für eine mögliche Hyperinflation ist das Ausufern der Staatsverschuldungen. Eine zu hohe Verschuldung lähmt den Staat. Die Ratingagenturen stufen die Bonität herab und die Finanzierungskosten steigen. Die Zinslast wird immer erdrückender, Leistungen werden gekürzt und Steuern werden erhöht. Die Schulden werden immer größer, weil alte Schulden zu begleichen sind. Die gegenwärtige Entwicklung ist insofern besorgniserregend, als viele „systemrelevante“ Staaten einen Schuldenstand erreicht haben, der nie und nimmer mit für die StaatsbürgerInnen zumutbaren Mitteln abgebaut werden kann.
Nicht zuletzt und als 3. Kriterium einer möglichen Hyperinflation kann die Tatsache der „schweren Wirtschaftskrise“, von der ja bereits viele Industriestaaten gebeutelt werden, nicht geleugnet werden.

Die geschichtliche Erfahrung zeigt, dass die Staaten gegebenenfalls (Hyper-) Inflationen zulassen, um den Wert der Staatsschulden zu verringern und die BürgerInnen versteckt zu besteuern. Eine zu hohe Staatsverschuldung war schon immer ein gefährlicher Nährboden für Hyperinflationen.
Welche Auswirkungen hätte nun eine Hyperinflation? Die großen Verlierer bei einer Hyperinflation sind die weniger Wohlhabenden, wobei besonders die Sparer vom extremen Kaufkraftverlust betroffen sind. *„Ohne Goldstandard gibt es keine Möglichkeit, Ersparnisse vor der Enteignung durch Inflation zu schützen“*, schrieb der spätere FED-Direktor Alan Greenspan 1966 in einem viel beachteten Aufsatz.

Was kann man da machen?

Verfolgen Sie aufmerksam und kritisch die „Problemlösungsvorschläge“ der Politiker. Lassen wir nicht zu, dass zulasten des Volkes wieder ein untaugliches Geldsystem gerettet wird.

2012

wird ein Schicksalsjahr für die Menschheit.

Werden wir unsere Fesseln sprengen und uns aus der Sklaverei der Bankerelite befreien oder werden wir uns weiterhin unserem Schicksal als Sklaven in Demut ergeben? Werden wir als Gesamtheit wachsen und eine neue Stufe der Entwicklung erreichen, eine neue Gesellschaft entwickeln, in der nicht Gier und Egoismus, sondern Respekt vor einander im Vordergrund stehen? Oder werden wir nach dem großen Crash erneut den Schritt zurück ins mittelalterliche Schuldgeldsystem machen? All das hängt von jedem Einzelnen von uns ab und von uns allen zusammen. Die Hyperinflation ist uns sicher! Der Umgang damit aber steht uns offen. Die Macht der Privatbanken wäre ganz leicht zu brechen, wenn jeder Einzelne aufhören würde, sein Geld zu diesen scheinheiligen Institutionen zu tragen oder Kredite von ihnen zu nehmen.

(Auszug aus „KOPP ONLINE“ am 18. 11. 2011
„Geheimtreffen: Hyperinflation 2012?“ von Michael Morris)

Eigene Anmerkungen:

Die Staatsschulden werden nicht zurückgezahlt! 50

Der Publizist und Lehrbeauftragte an der Uni Köln für Politikwissenschaft Dr. Werner Rügemer gab der *Gulli-Redaktion* des Internet Portals www.gully.com am 18. 12. 2009 in Köln ein Interview zum Thema *„Die Ursachen der Finanzkrise – oder warum wir die Staatsschulden nicht zurückzahlen sollten"*.
Dieses aufschlussreiche, im gesamten Wortlaut im Internet unter www.gulli.com/news/interview-die-wahren-ursachen-der-finanz abrufbare Interview, lässt in seiner Brisanz nichts zu wünschen übrig, deckt es doch schonungslos auf, wo die wahren Ursachen für die größte Finanz- und Wirtschaftkrise seit den 1930-er Jahren liegen. Zum besseren Verständnis der wahren Hintergründe empfiehlt Dr. Rügemer sich unbedingt den Dokumentarfilm *„Let's make money"* anzusehen.
Im Folgenden seien einige Passagen aus diesem Interview wiedergegeben:

„Die Finanzkrise besteht darin, dass das theoretisch endlose Schneeballsystem, das die Finanzakteure untereinander aufgebaut haben, in den zentralen kapitalistischen Staaten an mehreren Stellen fast gleichzeitig zusammengebrochen ist. Die Finanzakteure geben sich gegenseitig keine Kredite mehr, kaufen sich gegenseitig keine Finanzprodukte mehr ab und fordern jetzt die Staaten auf, so viele Verbindlichkeiten zu übernehmen, dass das System wieder anläuft … Für die Bürger heißt das, wenn es mit den staatlichen Rettungsmaßnahmen so weitergeht: noch mehr Kahlschläge im sozialen Bereich, bei Bildung und Infrastruktur, Erhöhung direkter und indirekter Steuern und Gebühren, Einkommensabsenkungen und vor allem Arbeitslosigkeit …
Die Finanzkrise wurde durch die staatlich unkontrollierte Geldschöpfung der Finanzakteure verursacht … Zu den Finanzakteuren gehören auch Hedgefonds, Private Equity-Fonds, Finanztöchter von Konzernen und ähnliche …

Die meisten dieser Transaktionen wurden durch die Regierungen von der Besteuerung befreit. Durch die Auszehrung der ökonomischen Substanz werden Arbeitsplätze vernichtet, dadurch entstehen weitere Steuerausfälle. Der wesentliche Beitrag zur Staatsverschuldung besteht aber darin, dass die Lobby der Finanzakteure so stark war und ist, dass die Staaten nun in der Finanzkrise die Verpflichtungen der Finanzakteure übernehmen. … Die relative Regulierung des Finanzsystems, die nach der ersten Weltwirtschaftskrise 1928–1932 aufgebaut wurde, wurde seit Begin der 90er-Jahre des letzten Jahrhunderts schrittweise abgeschafft, ‚dereguliert'.“

Der ehemalige Chefökonom der Weltbank und Nobelpreisträger für Wirtschaft, Joseph E. Stiglitz, schlägt in die gleiche Kerbe wie der Politikwissenschaftler Werner Rügemer, wenn er sagt:
„Die von den europäischen Staaten verordneten Sparmaßnahmen sind der direkte Weg in die Katastrophe. Es ist das Diktat der Banken, das den schwachen Aufschwung schon wieder abwürgt. Neues Leid ist angesagt: noch mehr Arbeitslosigkeit, soziale Unsicherheit, steigende Armut, Verschlechterung bei Ausbildung, Gesundheitswesen, öffentlicher Versorgung jeder Art.
Es ist Zeit für ein finanzielles Großreinemachen. Die Welt sollte nicht länger auf jene Marktakteure hören, die ihr das Desaster eingebrockt haben. Die sollen lieber den Großteil der Folgekosten übernehmen.“

Was kann man da machen?

Lassen Sie sich nicht von den Beteuerungen der Politiker einlullen, die vorgeben, „alles im Griff zu haben“. Das wahre Sagen haben längst die globalen Finanzakteure. Glauben Sie auch nicht den Behauptungen, dass mit einem (erhofften) Wirtschaftsaufschwung, mit Bankenrettungspaketen und Rettungsschirmen die globale Finanzkrise bewältigt werden kann. Nur eine radikale Geldsystemänderung kann den totalen und schmerzhaften Zusammenbruch verhindern.
Die Forderung danach muss massiv von der Basis kommen – von allen Bürgerinnen und Bürgern.

Die Überschuldung einzelner Euroländer

ist wesentlich auf die unverantwortliche Renditegier der Finanzbranche zurückzuführen.
Gerettet wird vor allem die Finanzindustrie – und dies auf Kosten der Steuerzahler. Europaweit koordiniert vorangetrieben wird eine Sparpolitik, die die Menschen in reichen und ärmeren EU-Ländern gleichermaßen treffen wird.

Für die Spekulanten ist es ein hochlukratives Geschäft, mit den Euro-Garantien der Staaten im Rücken auf die weiter sinkende Bonität der Schuldnerländer zu „zocken". Denn dies ist für sie unter den weit aufgespannten Rettungsschirmen weitgehend „risikoarm". Dafür werden die Steuerzahler in den starken Euroländern als Ausfallbürgen verpflichtet, Defizite überschuldeter Euroländer und ihrer Finanziers auszugleichen und damit neue Spekulationswellen geradezu anzuheizen.

(Ursula Engelen-Kefer, gelernte Volkswirtin, von 1990–2006 stellvertretende Bundesvorsitzende des Deutschen Gewerkschaftsbundes)

Eigene Anmerkungen:

„Weltsozialforum fordert Schuldenerlass"
Das Weltsozialforum ist eine Gegenveranstaltung zu den Gipfeln der Welthandelsorganisation (WTO), dem Davoser Weltwirtschaftsforum und den jährlichen Weltwirtschaftsgipfeln der Regierungschefs der G8-Staaten und ist zu einem Symbol für die Bewegung der Kritiker der Globalisierung geworden. Mit diesen weltweiten Treffen wird unter anderem beabsichtigt, Alternativen zu dem in den Medien vorherrschenden Denkmodell des globalen Neoliberalismus aufzuzeigen bzw. deren Ausarbeitung zu fördern.
Im Jänner 2009 fand in Belem (Brasilien) das 9. Weltsozialforum statt, bei dem 133.000 TeilnehmerInnen aus 142 Ländern anwesend waren. Das zentrale Thema war die Weltwirtschaftskrise und es erarbeiteten die TeilnehmerInnen (Delegierte von rund 4.000 sozialen Bewegungen, indigenen Völkern, Gewerkschaften, Kirchen und nichtstaatlichen Organisationen) einen umfassenden Maßnahmen-Katalog. Dieser sieht vor, dass das Finanzsystem öffentlich und demokratisch kontrolliert werden muss und nicht profitorientiert sein darf. Unter dem Dach der Vereinten Nationen sollen folgende Schritte vereinbart werden: Die Gründung einer internationalen Steuerbehörde bei gleichzeitiger Schließung der bestehenden Steueroasen, die Stabilisierung von Wechselkursen und ein Mechanismus zur Schuldenstreichung, insbesondere für die Länder des Südens.

Die Forderung nach einem Schuldenerlass fußt auf einer wichtigen von Gott vorgegebenen biblischen Regel, wonach sich eine zwischenzeitliche Überschuldung nicht in eine dauerhafte Abhängigkeit des Schuldners von seinen Gläubigern verwandeln darf. Konkret: Der ärmere Teil der (isrealitischen) Gesellschaft sollte niemals dauerhaft von dem reicheren abhängig werden.
Schuldenkrisen gab es schon in alttestamentarischer Zeit. Wer damals seine Schulden nicht zurückzahlen konnte, musste sich als Sklave ver-

kaufen und fortan für seinen Gläubiger arbeiten. Und im Laufe der Zeit spaltete sich so die hebräische Gesellschaft: Die Reichen wurden immer reicher, die Sklaven wurden immer zahlreicher. Das fünfte Buch Mose, auch Deuteronomium genannt, wurde wahrscheinlich zur Zeit König Josias von Juda im 7. Jahrhundert v. Chr. niedergeschrieben. Nach dieser „Sozialgesetzgebung" sollten hebräische Sklaven nach sechs Jahren Dienst freigelassen werden und auch Schulden sollten regelmäßig und vollständig nach jedem siebten Sabbatjahr (jedes 50. Jahr) gestrichen werden. Das ist jeweils das biblische „Jubeljahr" bzw. „Erlassjahr". Schuldenerlass ist auch unserem heutigen Wirtschaftssystem nicht fremd. Es gibt die Privatinsolvenz und die Firmeninsolvenz – zumindest die Insolvenz kleiner und mittlerer Firmen. Bei Großunternehmen und bei Banken herrscht hingegen die Vorstellung vor, sie dürfen nicht pleite gehen, da sie „systemrelevant" seien. Im Zweifel springt dann der Staat ein – und das wird uns derzeit vorexerziert. Dem Steuerzahler, also dem ganzen Volk, kostet das Milliarden und vernichtet Wohlstand und bringt jahrzehntelange Schuldknechtschaft.

Mit dem Ziel, die Prinzipien des biblischen Erlassjahres – den Schutz vor dauerhafter Überschuldung und Abhängigkeit – in die Welt der modernen Finanzbeziehungen zu übertragen, fordern Kirchen und Entschuldungsbewegungen seit Jahren eine grundlegende Reform des globalen Schuldenmanagements.
„Diese globale, wechselseitige ‚Entschuldung der Menschheit' wäre zugleich der ideale Anlass auch für die Weltreligionen, in ihren Lehren das Vereinende und nicht mehr das Trennende als wichtig zu erkennen, um diese wertvollen Fingerzeige der höchsten Intelligenz in wahrer Ökumene als Bausteine für die geeinte Menschheit des dritten Jahrtausends bereitzustellen." (Zitat aus dem Buch „*Das Ende des Geldes*" von Franz Hörmann/Otmar Pregetter)

Was kann man da machen?

Interessieren Sie sich für die Initiativen der Erlassjahr-Bewegung. Auf der Homepage www.erlassjahr.de erfahren Sie alles!

Die Seligpreisungen und die Weherufe

Er richtete seine Augen auf seine Jünger und sagte:
Selig, ihr Armen, denn euch gehört das Reich Gottes.
Selig, die ihr jetzt hungert, denn ihr werdet satt werden.
Selig, die ihr jetzt weint, denn ihr werdet lachen.
Selig seid ihr, wenn euch die Menschen hassen
und aus ihrer Gemeinschaft ausschließen,
wenn sie euch beschimpfen und euch in Verruf bringen
um des Menschensohnes willen.
Freut euch, und jauchzt an jenem Tag;
euer Lohn im Himmel wird groß sein.
Denn ebenso haben es ihre Väter
mit den Propheten gemacht.

Aber wehe euch, die ihr reich seid;
denn ihr habt keinen Trost mehr zu erwarten.
Weh euch, die ihr jetzt satt seid;
denn ihr werdet hungern.
Weh euch, die ihr jetzt lacht;
denn ihr werdet klagen und weinen.
Weh euch, wenn euch alle Menschen loben;
denn ebenso haben es ihre Väter mit den
falschen Propheten gemacht.

(Lukasevangelium 6, 20-26)

Eigene Anmerkungen:

Das Gleichnis vom ungetreuen Verwalter 52

(Lukas 16, 10-13)

Jesus sagte zu seinen Jüngern: Ein reicher Mann hatte einen Verwalter. Diesen beschuldigte man bei ihm, er verschleudere sein Vermögen. Darauf ließ er ihn zu sich rufen und sagte zu ihm: Was höre ich über dich? Leg Rechenschaft ab über deine Verwaltung! Du kannst nicht länger mein Verwalter sein. Da überlegte der Verwalter: Mein Herr entzieht mir die Verwaltung. Was soll ich jetzt tun? Zu schwerer Arbeit tauge ich nicht, und zu betteln schäme ich mich. Doch – ich weiß, was ich tun muß, damit mich die Leute in ihre Häuser aufnehmen, wenn ich als Verwalter abgesetzt bin. Und er ließ die Schuldner seines Herrn, einen nach dem anderen, zu sich kommen und fragte den ersten: Wie viel bist du meinem Herrn schuldig? Er antwortete: Hundert Fass Öl. Da sagte er zu ihm: Nimm deinen Schuldschein, setz dich gleich hin, und schreib „fünfzig". Dann fragte er einen anderen: Wie viel bist du schuldig: Der antwortete „Hundert Sack Weizen." Da sagte er zu ihm: Nimm deinen Schuldschein, und schreib „achtzig". Und der Herr lobte die Klugheit des unehrlichen Verwalters und sagte: Die Kinder dieser Welt sind im Umgang mit ihresgleichen klüger als die Kinder des Lichtes. Ich sage euch: Macht euch Freunde mit Hilfe des ungerechten Mammons, damit ihr in die ewigen Wohnungen aufgenommen werdet, wenn es mit euch zu Ende geht. Wer in den kleinsten Dingen Unrecht tut, der tut es auch bei den großen. Wenn ihr im Umgang mit dem ungerechten Reichtum nicht zuverlässig gewesen seid, wer wird euch dann das wahre Gut anvertrauen? Und wenn ihr im Umgang mit dem fremden Gut nicht zuverlässig gewesen seid, wer wird euch dann euer wahres Eigentum geben? Kein Sklave kann zwei Herren dienen; er wird entweder den einen hassen und den anderen lieben, oder er wird zu dem einen halten und den anderen verachten. Ihr könnt nicht beiden dienen, Gott und dem Mammon.

Was will uns Jesus mit diesem (schwer verständlichen) Gleichnis sagen?

- Auch wenn der Verwalter als unehrlich dargestellt wird, wird sein zielstrebiges Handeln gelobt und am Beispiel eines „Weltmenschen" will Jesus vielleicht dreierlei lehren: Die Zeit nützen, solange wir noch die Möglichkeit haben; in der Gegenwart an unserer Zukunft bauen; uns für die nötige Lebenswende entscheiden, bevor es zu spät ist.
- Was der Verwalter tut, ist möglicherweise ein Akt der Wiederherstellung von Recht und Gerechtigkeit gegenüber früherem Unrecht und schamlos ausgebeuteten Schuldnern (Wucherzinsen), auch wenn die Motive des Verwalters durchaus nicht edelmütig sind, sondern der Erfahrung der drohenden persönlichen Notsituation entspringen.
- Die „Kinder des Lichts" werden aufgefordert, ihr Handeln zu überdenken. Vielleicht ist diese Erzählung auch eine Einladung des Evangelisten Lukas an uns, entsprechend zu handeln und der Not auf der Welt im Rahmen unserer Möglichkeiten ein Ende zu bereiten.
- Das Augenmerk verschiebt sich vom Verwalter zum Reichtum. Dieser wird „ungerecht" genannt. Solange es Armut gibt, ist jeder Reichtum ungerecht, den wir für uns selber horten.
- Reichtum ist nicht nur ungerecht, sondern auch gefährlich, denn er verführt leicht zu Unverlässlichkeit und Ungerechtigkeit. Wer viel hat, mag zwar von außen besehen reich sein, reicher ist aber sicher der, der wenig braucht. Am allerreichsten ist jedoch, wer die Freiheit hat, viel zu geben.
- Der „Mammon" (aramäisch: „unredlicher Erwerb und trügerisches Gewinnstreben") insgesamt wird Gott gegenübergestellt. Beides als göttlich anzusehen und beiden zu Diensten zu sein, ist ein Widerspruch in sich. Wofür entscheiden wir uns?

(Kommentar entnommen aus www.virc.at)

Was kann man da machen?

Dieses Gleichnis überdenken und sich zu Herzen nehmen. Ermutigend: Immer mehr Superreiche trennen sich von einem Großteil ihres Vermögens zugunsten humanitärer Projekte.

Die Zinswirtschaft

führt notwendig zu sehr schlimmen Folgen.
Sie hat das Proletariat geschaffen.
Sie nimmt allen Arbeitern
durchschnittlich die Hälfte ihres Arbeitslohnes weg
und schiebt sie in die Taschen von
verhältnismäßig wenigen Reichen,
die diesen Gewinn ohne Arbeit erhalten.
Die Nichtarbeiter bekommen in der Zinswirtschaft
die Hälfte des Arbeitslohnes aller Arbeiter,
und zwar ohne eigentliche Arbeit leisten zu müssen.
Muss da die Arbeit nicht in Misskredit
und Verachtung kommen?
Müssen die Arbeiter nicht zu Proletariern werden,
die ähnlich wie die Sklaven nur das Notwendigste
für ihren Lebensunterhalt erhalten?
Wird dadurch die Menschheit
nicht in Herren und Sklaven,
in Ausbeuter und Ausgebeutete geschieden?
Ist der Klassenhass und Klassenkampf
nicht eine natürliche Folge?

(Viktor Pfluger, Theologe, 1879-1958)

Eigene Anmerkungen:

Es ist immer von Globalisierung die Rede. Attac erklärt das Phänomen Globalisierung so: „*Die Globalisierung ist ein Umbruch von historischen Dimensionen. Sie verändert die Gesellschaft mit enormem Tempo und greift tief in unsere Lebensbedingungen ein. Sie wird bisher einseitig von mächtigen Wirtschaftsinteressen dominiert, von großen Banken, Investmentfonds, transnationalen Konzernen und anderen großen Kapitalbesitzern. Ihr Leitbild ist der Neoliberalismus. Nach dieser Ideologie lassen sich die gesellschaftlichen Probleme am besten lösen, wenn man sie dem Markt und den Privatunternehmen überlässt.*"
Das neoliberale Versprechen, die Globalisierung bringe Wohlstand für alle, hat sich nicht erfüllt. Das Gegenteil ist der Fall. Immer mehr Menschen beschleicht ein ungutes Gefühl, wenn sie die Veränderungen in der Welt um uns herum betrachten:
Die Schere zwischen Arm und Reich geht immer mehr auf, hierzulande und weltweit – Millionen Menschen leiden Hunger, Kinder wachsen in Armut auf – die Unternehmen und Konzerne schreiben Rekordgewinne und entlassen dennoch tausende MitarbeiterInnen. Politiker und Gewerkschaften scheinen dagegen machtlos zu sein – Bildung, Wissen, Gesundheit, Altersvorsorge werden privatisiert und damit vom Allgemeingut zum Luxusobjekt – das Klima verändert sich in rasendem Tempo, aber gegen den Ausstoß von Treibhausgasen scheint kein Kraut gewachsen – um gefragte Rohstoffe werden Kriege geführt.

Es stellt sich nun die Frage: Sind diese Entwicklungen ein Naturgesetz oder sind sie nicht die Folge politischer Entscheidungen? Die neoliberale Globalisierung ist von den Regierungen der großen Industrieländer und mit Hilfe des Internationalen Währungsfonds (IWF), Weltbank und Welthandelsorganisation (WTO) zielgerichtet betrieben worden.
Wir sind nun aufgerufen, diese politischen Fehlentscheidungen nicht tatenlos hinzunehmen, sondern mit allen erlaubten Mitteln dagegen

anzukämpfen. Dazu bedarf es allerdings einer kompetenten Regieführung. Und das kann Attac sein.
Attac setzt sich auf vielen Ebenen für ein gerechtes, sozial und ökologisch nachhaltiges Wirtschaftssystem ein. Dazu gehört beispielsweise eine stärkere Kontrolle der Finanzmärkte, fairer Handel statt Freihandel, gesetzliche Regeln für transnationale Konzerne, eine umfassende Entschuldung der ärmsten Länder, ein faires Steuersystem oder die Demokratisierung anstelle der Privatisierung öffentlicher Dienstleistungen.

Attac (der Name ist die Abkürzung für „*Association pour une taxation des transactions financières pour l'aide aux citoyens*". Auf Deutsch: „Vereinigung zur Besteuerung von Finanztransaktionen im Interesse der BürgerInnen") wurde 1998 in Frankreich gegründet. Bereits fünf Jahre später ist Attac in zirka 50 Ländern auf der ganzen Welt vertreten. Attac ist parteiunabhängig, steht keiner Partei nahe und ist auch von keinen Parteienfinanzierungen abhängig.
Das Motto der internationalen Attac-Bewegung lautet: „Eine andere Welt ist möglich." Es lohnt sich, für Veränderungen zu kämpfen – auch wenn diese viel Zeit und Energie brauchen. Die Erfahrungen mit Bewegungen zeigen, dass demokratische Beteiligungsrechte und sozialer Fortschritt nicht freiwillig aus besserer Einsicht oder als Folge theoretischer Bildung gewährt werden. Sie müssen überzeugend begründet und erkämpft werden. Attac steckt sich hohe Ziele und packt das Übel an der Wurzel: Das profitorientierte Bankensystem muss sich in ein gemeinwohl-orientiertes, also gemeinnütziges Bankensystem wandeln. Deshalb unterstützt Attac die Gründung einer „Demokratischen Bank".

Was kann man da machen?

Interessieren Sie sich für Attac www.attac.at und besuchen Sie die Homepage der in Gründung befindlichen Demokratischen Bank www.demokratische-bank.at

Ich bin überzeugt,

dass es nicht schwierig wäre … die Grenzleistungsfähigkeit des Kapitals (seinen Ertrag) auf Null zu senken. Dies mag der vernünftigste Weg sein, um allmählich die verschiedenen anstößigen Formen des Kapitalismus loszuwerden. Denn ein wenig Überlegung wird zeigen, was für gewaltige gesellschaftliche Veränderungen sich aus einem allmählichen Verschwinden eines Verdienstsatzes auf angehäuften Reichtum ergeben würden … Dieser Zustand würde den sanften Tod der sich steigenden Unterdrückungsmacht des Kapitalisten bedeuten, den Knappheitswert des Kapitals auszubeuten …

Ich betrachte daher die Rentnerseite des Kapitalismus als vorübergehende Phase, die verschwinden wird, wenn sie ihren Zweck erfüllt haben wird. Und damit wird noch vieles andere einen Gezeitenwechsel erfahren.

(Prof. John Maynard Keynes, 1936)

Eigene Anmerkungen:

Wo wären wir ohne Greenpeace? 54

Eines kann mit Fug und Recht behauptet werden: Gäbe es nicht die 1971 von Friedensaktivisten in Vancouver, Kanada, gegründete Umweltschutzaktion, dann stünde es um die Welt noch schlechter, als es ohnehin schon ist. Denn der Raubtier-Kapitalismus hat sich zur Erreichung seiner Ziele vornehmlich die Ausbeutung der vorhandenen Ressourcen auf die Fahnen geheftet. Es ist natürlich wieder das derzeitige Geldsystem, welches mit seinen undurchschaubaren „Spielformen" gigantische Mittel für die handelnden Akteure und Profiteure (Konzerne) bereitstellt.

Greenpeace ist der notwendige Gegenpol: Diese globale Kampagnenorganisation verfolgt das Ziel, unser aller Umwelt zu schützen und zu bewahren sowie Frieden zu fördern.

Deshalb setzt sich Greenpeace ein für

eine Energie-Revolution, um der größten Bedrohung unseres Planeten zu begegnen: Klimawandel;

die Rettung der Meere, durch das Schaffen von Meeresschutzgebieten und den Kampf gegen illegale und zerstörerische Fischerei;

den Schutz der letzten verbleibenden Urwälder und mit ihnen den Schutz der Tiere, Pflanzen und Menschen, deren Lebensgrundlage sie sind;

Abrüstung und Frieden durch die Reduktion der Abhängigkeit von endlichen Ressourcen wie etwa Öl sowie durch den Aufruf zum Ende aller Atomwaffen;

eine Zukunft frei von Umweltgiften, indem sichere Alternativen anstatt der riskanten Chemikalien gefordert werden, die heute in Produkten und Fabriken zu finden sind;

nachhaltige Landwirtschaft, in dem sozial und ökologisch verantwortungsvolle Agrarmethoden unterstützt werden.

So hat alles begonnen: Es war im Jahr 1971, als ein kleines Team, angetrieben von ihrer Vision einer grünen und friedlichen Welt, in einem

alten Fischerboot in Vancouver die Segel setzte. Diese Aktivisten waren überzeugt, dass ein paar Menschen Wesentliches verändern können. Ihre Mission war es, „Zeugnis abzulegen“ vom unterirdischen Atomtest der USA vor Amchitka, einer kleinen Insel vor der Westküste Alaskas. Typisch für Greenpeace sind spektakuläre Aktionen, mit denen ein Thema in die Medien und in das öffentliche Bewusstsein gebracht wird. So hat Greenpeace während ihres 40-jährigen Bestehens schon viele Umweltanliegen durchgesetzt und strengere Gesetze erreicht. Diese Aktionen erinnern zwar an den Kampf „David gegen Goliath“, doch sie beweisen eines: Wenn die Handlungen einiger weniger Aktivisten durch ein breites Netzwerk von Förderern und Sympathisanten verstärkt werden, dann lässt sich vieles zum Positiven verändern.
Die Strategie von Greenpeace ist aus mehreren Gründen so erfolgreich: Sie kritisiert nicht nur, sondern macht auch wissenschaftliche Studien und zeigt Lösungen auf. Greenpeace nimmt keine Spenden an, die an Bedingungen geknüpft sind und ihre Unabhängigkeit, ihre Anliegen, Ziele oder Integrität kompromittieren könnten. Greenpeace akzeptiert keine Gelder von Industrie, Regierungen oder politischen Parteien. Greenpeace wird ausschließlich von privaten Förderern getragen und kann dadurch eigenständig und kompromisslos agieren.

Was kann man da machen?

Ein Gründungsmitglied von Greenpeace, David McTaggart, drückte die Strategie für ein erfolgreiches Unternehmen wie wie folgt aus: *„Keine Kampagne sollte ohne klare Ziele begonnen werden; keine Kampagne sollte begonnen werden, ohne dass die Möglichkeit auf Erfolg besteht; keine Kampagne sollte begonnen werden, ohne dass man beabsichtigt, sie konsequent zu Ende zu führen.“* Es stellt sich die Frage: Ist es möglich, einen Paradigmenwechsel im herrschenden Geldsystem zu bewirken; also die Lehrmeinung, dass es keine Alternative zu diesem ungerechten und missbrauchsanfälligen System gibt, zu kippen?
Der im Alten Testament beschriebene erfolgreiche Kampf „David gegen Goliath“ sollte uns diesbezüglich ermutigen. Hiebei wäre die Strategie von Greenpeace wahrscheinlich hilfreich.

Erst wenn der letzte Baum gerodet,

der letzte Fluss vergiftet,

der letzte Fisch gefangen ist,

werden die Menschen feststellen,

dass man Geld nicht essen kann.

Prophezeiung des kanadischen Stammes der Cree.

Eigene Anmerkungen:

Wenn Sie den folgenden Text lesen, glauben Sie, das hat jemand zur gegenwärtigen Wirtschafts- und Finanzkrise geschrieben. Dem ist nicht so. Dieser Situationsbericht wurde zur Zeit der Weltwirtschaftskrise in den 1930er-Jahren verfasst und stammt vom damaligen Bürgermeister von Wörgl, Michael Unterguggenberger. Nach dem Motto „*Sehen – Urteilen – Handeln*" startete er in Anlehnung an der von Silvio Gesell entworfenen „*Natürlichen Wirtschaftsordnung*" ein eigenes Nothilfe-Programm und unterbreitete dem zu diesem Zweck gegründeten Wohlfahrtsausschuss folgendes Konzept:

„Langsamer Geldumlauf ist die Hauptursache der bestehenden Wirtschaftslähmung. Das Geld als Tauschmittel entgleitet immer mehr den Händen der schaffenden Menschen. Es versickert in den Zinskanälen und sammelt sich in den Händen weniger Menschen, die das Geld nicht mehr dem Warenmarkt zuführen, sondern als Spekulationsmittel zurückhalten. Da das Geld ein unentbehrliches Rad in der Produktionsmaschine ist, bedeutet die Ansammlung großer Summen in wenigen Händen eine ungeheure Gefahr für den ungestörten Produktionsbetrieb.
Jede Geldstauung bewirkt Warenstauung und Arbeitslosigkeit. Unsicherheit in den Wirtschaftsverhältnissen macht den Geldbesitzer ängstlich, er gibt das Geld nicht mehr oder sehr ungern aus der Hand, er misstraut jeder Geldanlage. Der Geldumlauf wird so verlangsamt, der Gesamtumsatz an Ware und Leistungen schrumpft ein und der Lebensraum der Menschen im Wirtschaftsgetriebe schwindet. Bleibt es in der bestehenden Form, so lähmt es die Ernährung des Volkes, Friede und Wohlstand werden zerstört. Ganze Völker und Staaten werden dadurch vom Untergang bedroht.
Da von hier aus die Welt nicht befreit werden kann, wollen wir zumindest ein Zeichen setzen:

Das träge und langsam umlaufende Geld der Nationalbank muss im Bereich der Gemeinde Wörgl durch ein Umlaufmittel ersetzt werden, welches seiner Bestimmung als Tauschmittel besser nachkommen wird als das übliche Geld. Es sollen „Arbeitsbestätigungen" in drei Nennwerten zu 1, 5 und 10 Schilling ausgegeben und in Umlauf gesetzt werden. Die Gemeinde wird das tun, und die Privaten sollen gewonnen werden, die Arbeitsbestätigungen zum vollen Nennwert zu kaufen und in Zukunft möglichst alle Zahlungen in der Gemeinde damit zu leisten. Um das wirtschaftliche Leben in der Gemeinde wieder aufwärtszubringen, sollen auch nach einem noch zu bestimmenden und aufzustellenden Plan öffentliche Arbeiten damit durchgeführt und bezahlt werden."

Mit diesem Nothilfe-Programm ist dem Bürgermeister von Wörgl ein politisches Meisterstück gelungen. Alle im Gemeinderat vertretenen Parteien stimmten geschlossen dem Vorschlag ihres Bürgermeisters zu und sämtliche Kaufleute der Ortschaft konnten für das revolutionäre Programm gewonnen werden.
Mit der Einführung eines Komplementärgeldes brachte es die Gemeinde Wörgl tatsächlich zu einem für die damaligen Verhältnisse bescheidenen Wohlstand. Dieses erfolgreiche Konzept fand im In- und Ausland viele Nachahmer. Als die Nationalbank jedoch dieses Programm untersagte, erlosch schlagartig der Wirtschaftsaufschwung und ein anderer „Retter" erschien auf der Bildfläche und stürzte viele Völker in den Abgrund.

Was kann man da machen?

Diese erfolgreiche Handlungsweise (offensichtlich nach dem Motto „SEHEN – URTEILEN – HANDELN") eines einzelnen Menschen ermutigt uns, genau so vorzugehen: Beurteilen wir das was wir in der Finanzwelt sehen und handeln wir!
Welche Möglichkeiten es gibt, steht in diesem Buch.

Die Methode

„Sehen – Urteilen – Handeln“

wurde durch den belgischen Arbeiterpriester und späteren
Kardinal **Joseph Cardijn** (1862–1967),
der auch Begründer der KAB Österreichs war,
zur Basis für die Arbeit der katholischen
Arbeiter- und Jugendbewegung
in den 1950er und 1960er Jahren.

Ausgangspunkt in diesem 3 Schritt ist das
„Sehen“ (Wahrnehmen) der Menschen
in der Arbeitswelt,
im Spannungsfeld von sozialen,
wirtschaftlichen und politischen Strukturen.

Im ***„Urteilen“*** werden Fragen, die für die Gerechtigkeit,
Menschenwürde, Freiheit und Solidarität sensibilisiert, gestellt.
Der Maßstab an dem die Arbeitswelt und die Gesellschaft
gemessen wird ist das Evangelium.

Aus diesem Hintergrund heraus werden dann
die Aktivisten und Aktivistinnen
im politischen ***„Handeln“*** tätig.

Sie engagieren sich für eine menschengerechte und
solidarische Gesellschaft und Arbeitswelt.

Eigene Anmerkungen:

„Wir können die Gestaltung unserer Zukunft nicht den Erwachsenenen alleine überlassen“
(Felix Finkbeiner)

„Als ich gelesen hatte, wie viel CO2 wir mit unseren Autos, Flugzeugen, Häusern, Fabriken und Kraftwerken in die Luft pusten und was das Kohlendioxid und die anderen Treibhausgase in der Atmosphäre anrichten, ist mir richtig schlecht geworden. Da heizt sich das Klima auf, die Gletscher schmelzen und der Meeresspiegel steigt – unsere Zukunft wird zerstört, und die Menschen sitzen einfach nur rum und diskutieren! Warum tut da keiner was?“
Dieser Text ist ein Auszug aus einem Schulreferat, welches 2007 der damals 9-jährige Felix Finkbeiner aus München vor seinen Mitschülern gehalten hat. Felix sagte damals auch, dass Bäume die gefährlichen Treibhausgase binden können und beendete sein Referat mit den Worten: ***„Lasst uns in jedem Land der Erde eine Million Bäume pflanzen!“***
Eine wohl gewaltige und mutige Ansage. Als Grundlage für sein Referat diente ihm nicht nur Al Gores Film *„Eine unbequeme Wahrheit“*, sondern er recherchierte auch im Internet erfuhr dort vom Wirken der Afrikanerin Wangari Maathai, die als erste Umweltaktivistin Afrikas in Kenia seit Jahrzehnten gegen die Abholzung von Parks und Wäldern kämpft. Sie hat es geschafft, dass in Afrika 30 Millionen Bäume gepflanzt wurden. So wurde sie zur Pionierin der Grüngürtelbewegung und erhielt für ihr Wirken als „Mutter der Bäume“ 2004 den Friedensnobelpreis.
Da sagte sich der junge Schüler Felix: *„So etwas will ich auch versuchen.“*
In der Folge hielt er sein Referat über die Klimakrise und der Idee mit dem Bäumepflanzen auch an zahlreichen anderen Schulen und hatte sogar einen Auftritt vor den Vereinten Nationen in New York. Felix Finkbeiner gründete 2010 die Kinderstiftung *„Plant-for-the-Planet Foundation“*, die in der Zwischenzeit zu einer globalen Bewegung in beinahe 100 Ländern wurde und in der sich Schüler und Jugendliche weltweit mit dem Ziel vernetzen, aktiv für unser Klima zu kämpfen

und Bäume zu pflanzen. Durch ihr Engagement führen die Kinder Politikern und der Öffentlichkeit eindringlich vor Augen, dass es höchste Zeit zum Handeln ist. Unermüdlich pflanzen sie Bäume und weisen mit Reden, Vorträgen und öffentlichkeitswirksamen Aktionen auf die Notwendigkeit hin, endlich aktiv zu werden. Bei ihrem Bemühen werden die Initiatoren auch unterstützt vom Umweltprogramm der Vereinten Nationen (UNEP). In Deutschland wurde das Ziel, 1 Million Bäume zu pflanzen, bereits erreicht.
In Akademien bilden Kinder andere Kinder zu Botschaftern für Klimagerechtigkeit aus. Durch Gruppenarbeiten und Schulungen lernen Kinder alles Wichtige rund um Klimagerechtigkeit und üben auch, wie man einen Vortrag vorbereitet, um andere für die Ideen und Visionen zu gewinnen. Als Botschafter für Klimagerechtigkeit tragen sie dann die Idee des Bäumepflanzens und die Vision von Klimagerechtigkeit in ihre Schulen und zu ihren Freunden und Bekannten. Sie organisieren Pflanzaktionen, halten Vorträge und nehmen an internationalen Konferenzen teil.

Was können wir Erwachsene da machen?

Besorgen Sie sich das Mut- und Mitmacherbuch *„Baum für Baum – jetzt retten wir Kinder die Welt“* (oekom-Verlag München) und lassen Sie es ihren Kindern und Enkelkindern lesen. Regen Sie die Kinder an, dass sie die Idee des Felix Finkbeiner *„Jetzt retten wir Kinder die Welt“* in ihrer Klasse zur Diskussion stellen. Dieses Buch gehört in jede Schule und es wird sicher alle Lehrerinnen und Lehrer inspirieren, auch an ihrer Schule solche Projekte zu fördern, wie sie im Buch beschrieben wurden.
Kinder und Jugendliche dieser Welt wollen nicht mehr warten, bis die Erwachsenen die anstehenden globalen Herausforderungen anpacken. Als beschämendes Beispiel für die Unfähigkeit und den Unwillen der Politiker, Maßnahmen gegen die Erderwärmung zu beschließen, sei der gescheiterte Klimagipfel 2009 in Kopenhagen erwähnt. Nun wollen die Kinder ihre Zukunft retten und die Ausbeutung beenden, die wir (erwachsenen) Menschen leider derzeit auf unserem Planeten anrichten.

Mit diesem Buch wollen wir euch zeigen,

wie toll es ist, sich zu engagieren. Wir erzählen euch unsere Geschichte: warum wir handeln und was wir tun können, damit wir eine positive Zukunft haben. Wir wollen euch zeigen, wie spannend es ist, mehr über unsere Welt, das Klima und die Zusammenhänge zu erfahren – und wie viel Spaß es macht, mit Kindern auf der ganzen Welt zusammen anzupacken.
Wir haben dieses Buch für Menschen wie uns geschrieben. Denn wir müssen es ausbaden, wenn die Erwachsenen die weltweiten Probleme nicht lösen.
Natürlich verraten wir euch auch, wie ihr mit uns gemeinsam aktiv werden könnt.
Denn Reden allein stoppt das Schmelzen der Gletscher nicht: Stop talking. Start planting. – Nicht reden, pflanzen!

Die Autoren Felix & Freunde des Buches

„*Baum für Baum – Jetzt retten wir Kinder die Welt*“

www.plant-for-the-planet.org

Eigene Anmerkungen:

Gibt es eine Alternative zu dem Welt auffressenden neoliberal-kapitalistischen Wirtschaftssystem? Jedenfalls ist es so, dass sich laut einer Umfrage der Bertelsmann-Stiftung 90 Prozent der ÖsterreicherInnen eine „neue Wirtschaftsordnung“ wünschen. Unser Wirtschaftssystem steckt in einer Sinn- und Wertekrise, weil es allen Wert in Geldwert übersetzt und „Erfolg“ ausschließlich in monetären Größen misst, die nichts über Lebensqualität, Menschenwürde und Mitbestimmung aussagen.

Heute gilt Finanzgewinn als allein entscheidendes Kriterium für unternehmerischen Erfolg. Unser gegenwärtiges Wirtschaften beruht auf Gewinnstreben und Konkurrenz. Dieses Prinzip bewirkt systemischen Wachstumszwang und fördert asoziale Verhaltenweisen wie Egoismus, Gier, Geiz, Rücksichtslosigkeit und Verantwortungslosigkeit. Gleichzeitig unterminiert sie alle Grundwerte, die unsere menschlichen Beziehungen gelingen lassen: Kooperation, Wertschätzung, Zuhören, Empathie, Teilen, Helfen, Solidarität.

Angesichts der zunehmenden Turbulenzen im Sozial- und Wirtschaftsgefüge wünscht sich die Mehrheit der Bevölkerung eine *„Neue Wirtschaftsordnung“*, bei der nicht das Kapital, sondern der Mensch im Mittelpunkt steht.

Die Welt schlittert von einer Wirtschafts- und Finanzkrise in die andere und es stellt sich die Frage: Warum unternehmen die vom Volk gewählten Politiker nichts für den Wandel zu einem Wirtschaftssystem, das der Wohlfahrt aller Menschen dient und nicht nur einer Minderheit? Wahrscheinlich sind sie ohnmächtig, da die Macht längst bei den Großbanken und bei den multinationalen Konzernen liegt. Und das sind *„keine Menschen, sondern juristische Personen, die sich egoistisch bis psychopathisch verhalten, statt empathisch und demokratisch“*. (So formuliert es Christian Felber, Lektor an der WU Wien und Erfinder der „Gemeinwohl-Ökonomie“.)

„Der Glaube an die eigene Ohnmacht ist der Kern der Macht der herrschenden Eliten. Wir müssen uns die Freiheit nehmen, unser Leben selbst zu gestalten. Wenn wir im Kopf konsequent Nein zu Profit, Zins, Konkurrenz und globalen Konzernen sagen und Ja zu Kooperation, Demokratie, Nachhaltigkeit und Gemeinwohl, dann ändert sich die Welt. Der Einzelne hat alle Macht, wir müssen nur die Angst davor ablegen!" (Zitat Felber).

Die Gemeinwohl-Ökonomie ist ein alternatives Wirtschaftsmodell, das Christian Felber zusammen mit den Attac-UnternehmerInnen 2010 entwickelt hat. Die Wirtschaft soll dem Gemeinwohl dienen und nicht mehr dem Shareholder Value. Kernstück der GWÖ ist die Gemeinwohl-Matrix, ein Bewertungssystem für Unternehmen, wie die Gemeinwohl-Orientierung gemessen werden kann. Es gibt bereits mehr als 70 PionierInnen, die bis Ende September 2011 eine erste Gemeinwohl-Bilanz erstellen. In dieser sollen gesellschaftliche Verantwortung, ökologische Nachhaltigkeit, Arbeitsplatzzufriedenheit, Mitbestimmung und Verteilungsgerechtigkeit gemessen werden.
Ziel ist es, dass der Staat gemeinwohl-orientiertes Wirtschaften finanziell und strukturell unterstützt, damit solche Unternehmen für ihr Wirken auch belohnt werden.

Was kann man da machen?

Interessieren Sie sich für dieses visionäre und neue Wirtschaftsmodell und tragen Sie – in Ihrem eigenen Interesse – nach Ihren Möglichkeiten dazu bei, dass es auch realisiert werden kann. Auf der Website www.gemeinwohl-oekonomie.org erfahren Sie alles Nähere. Werden Sie ein Teil des „Energiefeldes Gemeinwohl-Ökonomie". Ein wesentlicher Bestandteil der Gemeinwohl-Ökonomie ist der Aufbau einer „Demokratischen Bank". Interessieren Sie sich auch für dieses Alternativ-Modell in der Finanzwelt. Näheres auf der Website www.demokratische-bank.at
Lesen Sie auch das Buch „*Die Gemeinwohl-Ökonomie: Das Wirtschaftsmodell der Zukunft*" von Christian Felber. Es ist das Standardwerk zur Thematik „Neue Wirtschaftsordnung".

Alternativen zum Kapitalismus

Seit drei Jahren arbeiten Expertinnen und Experten im Rahmen der *Akademie Solidarische Ökonomie* in Berlin an Entwürfen über eine Wirtschaftsweise jenseits des Kapitalismus. Im Oktober 2011 wurde die **Berliner Erklärung zur Banken- und Finanzkrise** vorgestellt. Die zentralen Passagen dieser Erklärung lauten:

Wir suchen und fordern den Umbau unserer Wirtschaftsweise,

- in der das **Finanzsystem** vom spekulativen Geldhandel befreit, dem Banken- und Kreditwesen die abschöpfende Funktion genommen und zu seiner gemeinwohlorientierten und dienstleistenden Funktion zurückgeführt wird;
- in der **Eigentum** nicht mehr zur leistungslosen Abschöpfung fremder Leistung genutzt werden kann und **Grund und Boden** und **Öffentliche Güter** wieder in Gemeineigentum übergehen;
- in der die **Unternehmen** nach ökologischen, sozialen und gemeinwohlorientierten Kriterien und in Mitbestimmung aller Beteiligten geführt werden;
- in der ein leistungsgerechtes und solidarisches **Lohnsystem** realisiert, überhöhte Löhne ausgeschlossen und Mindestlöhne gewährt werden;
- in der eine **Arbeitskultur** entwickelt wird, in welcher jeder Arbeitsfähige einträgliche Erwerbsarbeit findet und Familienarbeit und gesellschaftliche Tätigkeit gleichwertigen Raum finden;
- in der ein **solidarisches Steuer-** und **Sozialsystem** realisiert wird, in dem von **allen** Einkünften solidarische Beiträge erhoben werden und eine soziale Grundsicherung für jeden gegeben ist;
- in der eine **ökologische Kreislaufwirtschaft** mit hoher Effizienz und größtmöglichen Ressourceneinsparungen realisiert wird;
- in der die **räuberische Globalisierung** in eine **ökosoziale** verwandelt wird, in welcher weltweit **faire Handelsbedingungen, sozialökologische Mindeststandards** und die **Stärkung der regionalen Wirtschaft** oberste Prinzipien werden.
- **Wir rufen alle Menschen guten Willens auf,** sich für die Überwindung der kapitalistischen Wirtschaftsprinzipien und für das Gewinnen einer **lebensdienlichen, gemeinwohlorientierten, solidarischen Wirtschaftsweise** einzusetzen.

(Aus einem Artikel der Zeitschrift *Publik-Forum* Nr. 21 vom 4. 11. 2011)

Eigene Anmerkungen:

„Die Agrarwirtschaft, einst tragende Säule jeder Volkswirtschaft, wurde industriealisiert und sieht sich heute weltweit wenigen Agrarkonzernen ausgeliefert. Parallel dazu haben sich in den letzten Jahrzehnten die Finanzmärkte immer mehr von den realen Wirtschaftsprozessen losgelöst und Märkte für derivate, teilweise auch einfach betrügerische Finanzprodukte entwickelt."
(Der Würzburger Wirtschaftswissenschafter Karl-Heinz Brodbeck am 9. Finance & Ethics Kongress am 3. u. 4. Mai 2011 im Stift St. Georgen am Längsee).
Von den Agrar-Multis wird der Bauernstand immer mehr geknebelt, und so sind sie mehr oder weniger Leibeigene der Agrarkonzerne geworden. Um am Markt bestehen zu können, ist Spezialisierung angesagt und der Trend geht in Richtung Großbetriebe, was ein permanentes Bauernsterben zur Folge hat. Die den Bauern aufgezwungene Intensivbewirtschaftung bringt nicht unerhebliche Risken für Umwelt und Mensch mit sich. Beispiel: Die Saatgutkonzerne nutzen ihr Monopol auf hochgezüchtete Hybridsorten, indem sie auch die hierfür erforderlichen Düngemittel und Pestizide exklusiv mitverkaufen. Die umweltrelevanten Auswirkungen dieser Bewirtschaftung sind erhöhte Nitratgehalte im Trinkwasser, Belastung der Lebensmittel mit Schadstoffen, Artenrückgang bei Pflanzen und Tieren, zunehmende Bodenerosion etc. Zu dem kommt, dass sich die Supermarkt-Ketten einen ruinösen Preiskampf mit Sonderangeboten zulasten der bäuerlichen Produzenten liefern.
Gibt es nun eine Alternative zu diesem Diktat der neoliberalen Agrarindustrie? Wer kann, schüttelt dieses Joch der Unfreiheit ab und wendet sich neuen Formen der Produktion und Vermarktung zu, wie z. B. der biologischen Landwirtschaft mit ihrer naturnahen Produktionsweise. Deren Merkmale sind: geschlossene Nährstoffkreisläufe, Erhaltung der Bodenfruchtbarkeit, sauberes, nitrat- und schadstoffreies Trinkwasser, Schonung der natürlichen Ressourcen, flächengebundene und artge-

rechte Tierhaltung. Die auf solcher Basis regional erzeugten hochwertigen Lebensmittel haben zudem in der Regel einen kurzen Transportweg zum Verbraucher.
Die Biolandwirtschaft gilt als wirksames Modell für regionale und nachhaltige Entwicklung. Obwohl gerade in Österreich diese Form der Landbewirtschaftung eine Erfolgsgeschichte ist, gerät auch sie durch die Globalisierung der Wirtschafts- und Agrarmärkte und der Verschärfung der Wettbewerbsbedingungen immer mehr unter Druck. Eines ist klar: Solange die bäuerlichen Produzenten dem ruinösen Preisdruck der Agrar-Multis ausgeliefert sind, wird ihnen der gerechte Preis vorenthalten bleiben. Um dem Diktat dieser auf Gewinnmaximierung ausgerichteten Agrarkonzerne zu entkommen, bietet sich für immer mehr Erzeuger landwirtschaftlicher Produkte die Direktvermarktung an. Ob dies allerdings der Weisheit letzter Schluss ist, sei dahingestellt, da ein erhebliches Restrisiko bestehen bleibt: Ein gesicherter Absatz der erzeugten Produkte lässt sich kaum kalkulieren.
Eine mögliche und durchaus kreative Lösung dieses Problems liegt (allerdings nur für eine bäuerliche Minderheit) in dem Wort „Ge-la", welches die Abkürzung für „**ge**meinsam **la**ndwirtschaften" ist bzw. in dem Begriff „CSA" (**C**ommunity **S**upported **A**griculture), was „Gemeinschaftlich unterstützte Landwirtschaft" bedeutet. Im Klartext heißt das, dass die Verantwortung eines landwirtschaftlichen Betriebes auf zwei Schultern ruht, nämlich auf den Schultern des Hofbetreibers (Produzent) und auf den Schultern der AbnehmerInnen (KonsumentInnen). Das funktioniert so, dass eine größere Gemeinschaft von KonsumentInnen das vereinbarte Jahresbudget eines Hofes durch Vorfinanzierung übernimmt. Im Gegenzug verpflichtet sich der Produzent, die KonsumentInnen ganzjährig mit einer breiten Palette qualitätsvoller Hof-Erzeugnisse preiswert zu versorgen.

Was kann man da machen?

Wenn Sie über das richtungsweisende Projekt „*Gemeinsam landwirtschaften*" *(ge-la)* bzw. „*CSA Direktvermarktung*" Näheres erfahren wollen, dann geben Sie in Ihre Internet-Suchmaschine diese Stichwörter ein.

Der Bauer in der EU

D'EU schickt 's Essn hin und her
und steigert nuh mehr den Verkehr.
Unser Bauer deckt den Tisch
mit an Essn guat und frisch.

Im Lebm sollst alleweu vergleichn.
Doh „billig" is' koa Marknzeichn.
Auf „preiswert" muasst beim Kafn schaun –
des is's, was machan unsre Baun.

Was miass ma in de Ferne schweifn,
wann 's Guade nah is' und zan greifn?
Za unsre Baun macht d'Schmankerlroas,
wer Qualität zu schätzn woaß.

D'Stadtleut und der Bauernstand
ham de Zukunft in der Hand.
Nix geht ohne Müah und Fleiß
und alles hat sein' grechtn Preis.

Kummt durcht d'EU des große Fressn?
Nur solln de Großn net vergessn:
Amal kemmans selber dran
und ganz kloa fangts wieder an.

Schau ma aufn Mittlstand:
Des beste Kapital vom Land!
Siagst in Erfolg nur ba de Großn,
investierst in d'falsche Gassn.

Dass unser Landschaft liab und scheh,
kann net ohne Bauern geh.
Der Bauernstand is' uns vü wert,
weu ah für d'Landschaft er sih schert.

(Johannes Zittmayr)

Eigene Anmerkungen:

Eine „Demokratische Bank" 59

Der neoliberale Schwenk der Banken auf Profitorientierung, Gewinnmaximierung und Spekulation sowie die damit verbundene Finanzkrise lässt das Bedürfnis nach einer Rückbesinnung zu gemeinnützigen Bankidealen (wie sie beispielsweise ursprünglich die Sparkassen und auch Genossenschaftsbanken statutengemäß vollzogen) stark werden. Es ist aber zu wenig, nur auf das aus dem Ruder gelaufene Bankensystem zu schimpfen. Kreative Ideen und ein Engagement für eine völlige Neuorientierung sind gefragt. Und wieder einmal ist es *Attac* Österreich, welche mit der Ausarbeitung eines Konzeptes für eine neue „*Demokratische Bank*" eine beachtenswerte Vorreiterrolle spielt. Laut Vorstellung von *Attac* soll die zu gründende Demokratische Bank eine „Good Bank" werden. Sie soll nämlich ausschließlich die Kernfunktionen einer Bank erfüllen: Einlagengeschäft, Zahlungsverkehr, Kreditgeschäft.

„*Sie spekuliert nicht, handelt nicht mit Wertpapieren und Derivaten und vertreibt keine Fonds. Sie wandelt die Einlagen der Sparer in möglichst günstige Kredite für die Wirtschaft*", versichert Christian Felber, Mitbegründer von Attac, freier Publizist und Lektor an der Wirtschafts-Uni Wien.

„*Wenn Geld vom Mittel zur Ware wird, sind Wirtschaft und Wohlstand in Gefahr. Geld und Kredit zählen zur Grundstruktur der Wirtschaft und sollten als öffentliches Gut definiert und deshalb unter demokratische Kontrolle gebracht werden. Die ‚Demokratische Bank' müsste folgende Kernaufgaben erfüllen:*

Kostenloses Girokonto – Sicheres Sparkonto mit staatlicher Einlagen - garantie – Bestes Service in flächendeckendem Filialnetz – Kostengünstige Kredite für den Staat, für Unternehmen und für die Haushalte – Kreditzinsen werden so berechnet, dass sie lediglich die Kosten der Bank inklusive Kreditausfälle decken – Die Sparzinsen sollen die Inflation ausgleichen – Es soll keine Gewinne geben, weder für Sparer noch für die Bank – Die Gehälter sollen zwischen 1.500 und 5.000 Euro liegen."

Das von *Attac* Österreich mit Unterstützung und Beratung durch Finanzexperten ausgearbeitete Konzept einer Demokratischen Bank sieht vor, dass diese mit einem Startkapital von 20 bis 25 Millionen Euro und nach Vorliegen der beantragten Banklizenz 2103 ihren Betrieb aufnehmen wird. Das erforderliche Gründungskapital kann mit Beträgen ab 1.000 Euro „gezeichnet" werden, um damit Teilhaber der *Demokratischen Bank* zu werden. Sicher für viele ein willkommenes Angebot!
Das allgemeine Echo auf diesen Plan der Schaffung einer *Demokratischen Bank* ist erwartungsgemäß sehr groß. Befürworter kommen aus allen Lagern und sogar aus dem Bankensektor selber. Stellvertretend dafür sei die Meinung von Günter Grzega, Vorstandsvorsitzender des „Instituts für Gemeinwohlorientierte Politberatung, Bonn", Vorstandsvorsitzender a. D. der Sparda-Bank München e. G.:
„Eine grandiose Idee, die ich als ehemaliger Vorstandsvorsitzender einer großen Genossenschaftsbank (5 Milliarden Bilanzsumme) mit Begeisterung unterstütze. Dies könnte nämlich der Startschuss für eine Re-Demokratisierung des Bank- und Finanzwesens sein und damit – ganz nüchtern betrachtet – die Gesellschaft vor dem nächsten, noch gewaltigeren Crash der Finanz- und Realwirtschaft bewahren."

Was kann man da machen?

In unserem eigenen Interesse, aber vor allem im Interesse unserer Kinder und Kindeskinder, sollten wir alle Bemühungen unterstützen, die darauf abzielen, das völlig aus dem Ruder gelaufene derzeitige Bankensystem abzulösen und durch ein humanes und gemeinwohlorientiertes zu ersetzen.
Halten Sie sich am Laufenden über die aktuelle Entwicklung zur Neugestaltung der Bankenlandschaft und bestellen Sie den Newsletter über den Online-Auftritt der Demokratischen Bank www.demokratische-bank.at. Mail: info@demokratische-bank.at
Möchten Sie beim Aufbau aktiv mithelfen? Wollen Sie vielleicht MiteigentümerIn der *Demokratischen Bank* durch eine Anteilszeichnung werden? Informieren Sie sich!

DIE ZEHN GRUNDSÄTZE DER DEMOKRATISCHEN BANK

1) Die Demokratische Bank verwandelt Geld in ein Mittel für das Gemeinwohl, indem sie Menschen, Unternehmen und Organisationen durch günstige Finanzierungen unterstützt, statt Finanzeinkommen ohne Leistung zu fördern.

2) In der Demokratischen Bank haben die Genossenschaftsmitglieder die Möglichkeit zur demokratischen Kontrolle und Mitgestaltung aller Entscheidungen, die für die grundlegende Ausrichtung und Gebarung der Bank relevant sind. Die Mitgliedschaft steht allen Menschen offen.

3) Die Demokratische Bank strebt nicht nach kurzfristigem Profit, sondern baut nachhaltige und langfristige Geschäftsbeziehungen auf. Sie ist eine faire Arbeitgeberin, die die Interessen ihrer Mitarbeiterinnen und Mitarbeiter berücksichtigt.

4) Der Umgang mit den Kundinnen und Kunden der Demokratischen Bank ist geprägt von Achtung, Vertrauensbildung und Transparenz. Anstatt Produkte aufzudrängen, unterstützt sie Maßhalten, Verantwortung und Nachhaltigkeit.

5) Die Demokratische Bank will nicht ihre Gewinne maximieren, sondern das Gemeinwohl fördern. Kreditvergabe und Kreditkonditionen orientieren sich daher am Ergebnis einer Gemeinwohlprüfung.

6) Überschüsse werden in der Demokratischen Bank nicht ausgeschüttet, sondern für Rücklagen verwendet und schwierig zu finanzierenden, dem Gemeinwohl dienenden Vorhaben zur Verfügung gestellt.

7) Die Wirtschaftlichkeit und Stabilität der Demokratischen Bank werden durch eine Eigenkapitalquote über den gesetzlichen Mindestvorschriften und den Verzicht auf Spekulation sichergestellt.

8) Die Demokratische Bank kehrt zu den Wurzeln des Bankgeschäftes zurück und wird in erster Linie Geldverwaltung (Spareinlagen), Geldverkehr (Girokonten) und Geldvergabe (Kredite) anbieten.

9) Die Demokratische Bank versteht sich auch als Bildungsinstitution. Sie wird Wissen über die Grundsätze des Geldwesens vermitteln und einen bewussten und verantwortungsvollen Umgang mit Geld fördern.

10) Die Demokratische Bank ist auch eine politische Akteurin, die sich überparteilich für ihre Ziele einsetzt und den Aufbau eines demokratischen, nachhaltigen und gerechten Geldsystems einfordert.

Eigene Anmerkungen:

„Die Zeit für eine demokratische Bank, eine alternative Bank ist reif. Zu lange schon vermissen Soziale Unternehmen und Social Entrepreneurs Banken und Finanzdienstleister, die ihre spezifischen Bedürfnisse und Anliegen verstehen und ernst nehmen und für die Gemeinnützigkeit und Gemeinwohlorientierung keine Fremdwörter sind. Wir müssen und dürfen den nächsten Crash nicht abwarten: Handeln wir jetzt – für eine Demokratisierung des Banken- und Finanzwesens, für regional wirtschaftende, ökologisch nachhaltige und soziale UnternehmerInnen, für eine Bank, die ein gutes Leben für alle mit ermöglicht."

(Judith Pühringer, Geschäftsführerin bdv austria, Bundesdachverband für Soziale Unternehmen)

„Banken werden vielerorts auf lokaler Ebene wieder ihre Kernfunktion erfüllen und sich nicht an zerstörerischen Spekulationsblasen beteiligen; und es werden menschliche Kontakte gepflegt werden, in dem das Finanzsystem wieder den Menschen dient, und nicht das nächste verkaufte Produkt im Vordergrund steht. Dadurch werden die Demokratischen Banken MultiplikatorInnen des Gemeinwohls sein!"

(Wilhelm Zwirner, Geschäftsführer Attac Österreich)

„Während meiner Tätigkeit als Marketingleiterin einer Bank erkannte ich, wie die Mechanismen und Strategien der Finanz- und Bankwelt funktionieren. Die logische Alternative ist: Der Mensch – und nicht das Kapital – muss stets im Mittelpunkt der Bemühungen stehen. Wertschätzender Umgang mit MitarbeiterInnen und ehrliche, respektvolle, individuelle und kompetente Kommunikation im Umgang mit KundInnen sind mein zentraler Anspruch an die Vision ‚Demokratische Bank'."

(Natascha Thörmer, Kommunikationsfachfrau)

„Heute ist Geld ein Mittel der Macht über andere, das trennt und schafft Instabilität. Morgen sollte Geld ein Mittel der gemeinsamen Gestaltungs-

macht im Zeichen der Menschlichkeit, der gegenseitigen Hilfe und Solidarität werden. Die Demokratische Bank wird ein Sinn-Magnet.“

(Christian Felber)

„Als seit 20 Jahren tätiges Planungsbüro für Erneuerbare Energie begrüßen wir die Schaffung der Demokratischen Bank, um ökologisch-nachhaltige, regionale Projekte unter größtmöglicher Bürgerbeteiligung finanzieren zu können: Regionale Energie aus den Ressourcen der Region – finanziert durch regionale Geldmittel – errichtet durch und für die Menschen in der Region – das ist unser Anliegen.“

(Ing. Leo und Mag.[a] Ulli Riebenbauer, Büro für Erneuerbare Energie, Pinggau)

„Wir brauchen eine andere Bank, eine Bank, die sich auf ihre Grundfunktionen besinnt, die Gelder nach sozialen und ökologischen Werten vergibt, die solidarisch arbeitet und so ein sozialeres und gerechteres Zusammenleben fördert. Die Demokratische Bank kann diese Bank sein, eine Bank für uns alle.“

(Clara Krug)

„Ich will gemeinsam mit einer Gruppe großartiger Menschen die Demokratische Bank gründen; ein Unternehmen, in dem nach den Grundsätzen von Menschenwürde, Wertschätzung, Vertrauen und Transparenz gearbeitet wird.“

(Reinhard Mammerler, Unternehmensberater)

„Wenn es auf dieser Welt mehr Geld gibt denn je, und trotzdem fast alles, was die Menschheit wirklich bräuchte, angeblich schwer oder gar nicht finanzierbar ist, dann läuft etwas katastrophal falsch. Das Instrumentarium des herrschenden Systems hat sich als ähnlich wirkungsvoll erwiesen wie der Aderlass als medizinisches Allheilmittel des Mittelalters – bloß mit ungleich mehr Todesopfern. Deshalb unterstütze ich die Demokratische Bank.“

(Leo Lukas, Autor und Kabarettist)

Am Beispiel des Banken- und Finanzsektors zeigt sich,

**dass die Liberalisierung eindeutig zu weit ging.
Diese Finanzprodukte haben mittlerweile mit der Realwirtschaft nichts mehr zu tun.
Solche Casino-Produkte müssen verboten werden.
Banken müssen wieder zu ihren eigentlichen Aufgaben zurückkehren und Privatleute und Unternehmen mit Kredit versorgen.
Wirtschaft braucht Freiheit, aber auch klare Grenzen.**

Michael Otto,
Aufsichtsrats-Chef des Handelsriesen Otto Group,
(in einem NEWS-Interview vom 9. 2. 2012
über die Euro-Krise)

Eigene Anmerkungen:

Das „Grüne Geld" der Ethikbanken **61**

Die Finanzkrise hat anscheinend auch eine gute Seite: Immer mehr Anleger interessieren sich dafür, ***wie*** ihr Geld veranlagt wird.
Bei jeder Form der Veranlagung über Banken, Investmentfonds etc. wird Geld für wirtschaftliche Zwecke zur Verfügung gestellt, die ethisch wertvoll oder bedenklich sein können. Ohne es zu wissen, fördern mit ihrem Geld viele von uns auch hoch-spekulative Investitionen auf Kosten der Umwelt und auf Kosten anderer Menschen. Es ist zudem eine Binsenweisheit, dass man bei einer Geldanlage in der Regel nicht beides haben kann: Höchste Rendite bei höchster Sicherheit.
Für viele Manager, die unser Geld verwalten und die auch „Geldschöpfung aus dem Nichts" betreiben, steht die Vervielfachung des Geldes an erster Stelle. Aber spätestens mit dem Ausbruch der weltweiten Finanzkrise und der klaren Erkenntnis, dass unbegrenzter Turbokapitalismus und spekulationsgetriebene Börsen keine positiven Grundlagen für das zukünftige Wirtschaften bieten, ist Ethik im Zusammenhang mit Geldgeschäften ein wichtiges Thema geworden.
Wie wenig Ethik im Finanzgeschäft bisher zählte, veranschaulicht in dramatischer Weise der Film „Let's make MONEY" von Erwin Wagenhofer. Sie sollten sich diesen Dokumentarfilm, der den Weg des Geldes verfolgt, unbedingt anschauen!

Konsequenzen aus der Finanz- und Wirtschaftskrise für Banken forderte der Direktor der KSOE (Kath. Sozialakademie Österreichs) und Redakteur des Dossiers „Banken – wohin?", Markus Schlagnitweit, der zu den Pionieren für ethische Geldanlage im deutschsprachigen Raum zählt:
„Banken haben eine wichtige volkswirtschaftliche Funktion und eine Gemeinwohl-Verpflichtung. Banken-Rettungen genügen nicht. Es braucht eine breite Debatte über das Wesen von Banken und darüber, wie sie ihrer ursprünglichen Rolle als gemeinnützige Einrichtungen entsprechen können. Sie haben eine ‚dienende Funktion' zu erfüllen und ihr Aufgaben-

bereich liegt nicht im Bereich der Spekulationsgeschäfte, sondern in der finanziellen Ausstattung realwirtschaftlicher Aktivitäten".

Eine Ethik-Bank kann so definiert werden: Sie unterscheidet sich von anderen Banken insofern, als der Umgang mit dem Geld ihrer Kunden ein anderer ist. Die Ethik-Bank macht nur solche Geschäfte, die ihren strengen Anlagekriterien genügen. Basis aller Geschäfte der Ethik-Bank ist ihre sozialökologische Anlagepolitik und das ist ein Mix aus Tabu- und Positivkriterien. So investiert die Ethik-Bank das Geld ihrer Kunden nicht in Rüstungsgeschäfte, Atomkraft oder in Unternehmen, die Kinderarbeit zulassen. Die Unternehmen, die Geld von der Ethik-Bank bekommen, müssen sich aktiv für eine nachhaltige Wirtschaftsweise engagieren.
Die Ethik-Bank ist frei von ideologischen, politischen, religiösen oder spirituellen Einflüssen. Sie ist für Menschen da, die Verantwortung in der Wirtschaft, für die Gesellschaft oder für die Umwelt übernehmen, ohne dabei dogmatisch zu sein. Das sind Menschen, die ihre persönlichen Interessen mit ethischen Grundsätzen und Zielen vereinbaren wollen und weitsichtig in die Welt künftiger Generationen blicken.

Sie werden sich nun fragen: Wo gibt es Ethikbanken? In Deutschland und in der Schweiz sind schon seit Jahren ethisch-ökologische Banken etabliert, wobei diese seit der Krise im Finanz- und Bankensektor hohe Zuwachsraten und einen kräftigen Zulauf an Bankkunden verzeichnen können. In Österreich ist auf Initiative von Attac Österreich die Gründung einer „Demokratischen Bank" im Gange.

Was kann man da machen?

Wenn Sie mehr über „Alternativbanken" wissen wollen: Klicken Sie auf www.gruenesgeld.at, der unabhängigen Informationsplattform für ethisch-ökologische Veranlagung. Interessieren Sie sich auch für das Projekt „Demokratische Bank" in der Website www.demokratische-bank.at.

Die Weltbank

verleiht viel Geld an Entwicklungsländer, gibt ihnen also Kredite. Mit ihnen werden vor allem Großprojekte finanziert, an denen multinationale Konzerne gut verdienen, aber die einheimische Bevölkerung und die Umwelt leiden. Dazu zählen zum Beispiel Riesenstaudämme für Wasserkraftwerke oder Erdöl-Pipelines. Dass dadurch Hunderttausende Menschen gezwungen werden, ihre Heimat zu verlassen und häufig ihre Lebensgrundlage verlieren, schert die Mächtigen der Weltbank nur wenig. Selbst Wünsche von Diktatoren – wie der Bau riesiger Regierungspaläste – wurden von ihr erfüllt. Die Schaffung demokratischer Strukturen war längste Zeit kein Kriterium für die Vergabe von Krediten. Statt dessen knüpft die Weltbank die Geldvergabe seit Anfang der 1980er-Jahre an strenge wirtschaftspolitische Bedingungen. Man spricht von „Strukturanpassungsprogrammen", mit denen die staatlichen Infrastrukturen der „Bittstellerländer" an die Anforderungen der freien Marktwirtschaft angepasst werden sollen: Gehälter müssen gekürzt, öffentliche Einrichtungen privatisiert und Sozialausgaben radikal zurückgefahren werden. In der Folge haben viele dieser Staaten kein Geld mehr für Schulen und Gesundheitseinrichtungen und sind zur Privatisierung gezwungen. Das wiederum freut die Konzerne, die nun privat solche Einrichtungen betreiben können – natürlich nur für Reiche, denn schließlich sollen ja möglichst hohe Profite dabei herausspringen.

(Aus dem Buch *„Uns gehört die Welt! Macht und Machenschaften der Multis"* von Klaus Werner-Lobo)

Anmerkung: Mit ihrer Vorgehensweise vollzieht die Weltbank den „Konsens von Washington".

Eigene Anmerkungen:

Was ist der Kreditismus? 62

Der endgültige Niedergang des insbesondere von den Banken verteidigten und bis zum Exzess ausgereizten Finanzkapitalismus zeichnet sich immer mehr ab. Die Frage ist nur, was kommt danach? Welches Geldsystem könnte den heutigen und nunmehr ausgedienten Monetarismus ablösen?
In den Schubladen liegen längst Alternativ-Modelle, wobei alle eine Gemeinsamkeit haben: Der Zins und der Zinseszins, die leistungslosen Geldvermehrer und Hauptverursacher der Finanz- und Wirtschaftskrisen, gehören der Vergangenheit an.
Mit hoher Wahrscheinlichkeit dürfte ein Geldsystem kommen, welches auf elektronischer Basis über Internetkonten abgewickelt werden kann. Ein solches wäre beispielsweise der vom Gründer der „HuMan-Wirtschaft“, dem Schweizer Hans-Jürgen Klaussner entwickelte und von ihm benannte KREDITISMUS. Sein Konzept und die von ihm aufgestellten Thesen sind jedoch nicht ganz unumstritten und es wird einiges vom bekannten Wirtschaftswissenschaftler Prof. Dr. Bernd Senf in Frage gestellt (siehe www.berndsenf.de/pdf/Klaussner.pdf).

Wie würde nun der KREDITISMUS funktionieren?
Der KREDITISMUS (abgeleitet von *credere* = gegenseitiges Vertrauen) ist nach H.-J. Klaussner der „Dritte Weg“ zwischen Kapitalismus und Kommunismus, der die Vorteile beider Systeme vereint, ohne mit deren Nachteilen behaftet zu sein. Im Kreditismus ist eine dauerhafte Lösung zum Wohle aller möglich, da dieses neue Finanz- und Wirtschaftssystem – als Mittelweg zwischen Kapitalismus und Sozialismus – den Menschen und seine naturgegebenen, schöpferischen Fähigkeiten ins Zentrum allen Wirtschaftens stellt: Im Kreditismus wird jeder Mensch, der Leistungen kreiert, gleichzeitig zum Schöpfer des zum Leistungstausch notwendigen Tauschmittels, des Geldes. Im Kreditismus wird Geld als das angesehen und gehandhabt, was es in Wirklichkeit ist und schon seit jeher sein sollte: Reines Tauschmittel – und nicht mehr ein eigenständiges, spekulierbares Produkt.

Bislang ist es ja so, dass die Buchgeldschöpfung ein alleiniges Privileg der (Groß)-Banken ist und die damit verbundenen Hintergründe und Machtziele der kapitalistischen Geldelite von Staat und Politik weder erkannt noch reguliert werden. Mit dem *Kreditismus* wird das Primat der Geldschöpfung zurück in die Oberhoheit des Staates, der Völker und der Menschen gelegt. Die Banken bekommen eine neue Funktion. In der *HuMan-Wirtschaft* verdient die Bank am Umsatz; und nicht wie heute an möglichst viel Schulden. Das Anlegen von Geld als Produkt ist nicht mehr möglich oder nötig. Finanzmärkte gehören der Vergangenheit an und Aktiengesellschaften werden umgewandelt in mitarbeiterbeteiligte Genossenschaften. Fremdfinanzierungen und Börsengänge sind nicht mehr erforderlich.
Der Kreditismus ersetzt den kapitalismus- und systembedingten Geldmangel durch das Internet-Buchgeld und stützt sich dabei auf technische Möglichkeiten via Internet und Mobil-Telefone. Das für die jeweilige Transaktion erforderliche Entgelt wird neu von den beiden Rechtspersönlichkeiten „Kunde mit Lieferant“ im Gegenspiel dezentral in exakt richtiger Menge erzeugt.
Wohlstand wird nicht mehr wie heute nur über die Summen von auf Bankkonten geparkten Geldern ausgedrückt. In der *HuMan-Wirtschaft* misst sich der Wohlstand nur real in den echten Werten. In Gebieten ohne Internet-Anschluss können die in Zahlen festgelegten Werte auch auf wechselartigen Schecks oder in Scheckbüchern festgehalten werden.

Was kann man da machen?

Möchten Sie mehr wissen über den von Hans-Jürgen Klaussner entwickelten *Kreditismus*? Dann kontaktieren Sie die Internet-Seite www.initiativevernunft.twoday.net. Lesen Sie aber auch unter www.berndsenf.de/pdf/Klaussner.pdf) den Kommentar des Wirtschaftswissenschaftlers Bernd Senf hierzu. Es geht darum: Wir Bürgerinnen und Bürger müssen uns im eigenen Interesse interessieren für das, was demnächst auf uns zukommt.

Fazit:

Durch diese erstmalig in der Menschheitsgeschichte realisierbare Alternative zum Geldkapitalismus dank der weltweiten Vernetzung der Menschheit über mobile Telefone und Internetkonten, können wir die maroden Banken und überschuldeten Staaten getrost einem geordneten letztmaligen Konkursverfahren überlassen.

Das *„too big to fail"* und das staatliche Nachschießen von Billionenbeträgen an ein nicht mehr zu rettendes Bankensystem findet nun durch die über 60 Jahre lang hochgebuchten Zinseszins-Schulden bei allen Schuldnern im KREDITISMUS ein gutes Ende.

Auch lösen wir damit das gigantische „Lügengebäude" der falschen Wirtschafts- und Geldtheorien der letzten Jahrhunderte auf, die nur der alleinigen Machtposition der Banken und deren Inhaber als Propagandainstrument dient.

Diese Schlussfolgerung ist dem Artikel *„Was ist der Kreditismus in der HuMan-Wirtschaft"* von Hans-Jürgen Klaussner vom 25. 11. 2010 auf der Website www.aliasinfo.ch/Politik zu entnehmen.

Eigene Anmerkungen:

„Das Geld, das jetzt über die internationalen Finanzmärkte die Welt regiert, ist ein Relikt aus einem feudalen Zeitalter – die Macht ist bei wenigen Menschen konzentriert, was dem Grundgedanken einer demokratischen Verfassung widerspricht. Das systembedingte exponentielle Wachstum des Geldvermögens durch Zinseszins steht im krassen Gegensatz zur Natur – die Erde ist begrenzt und wir alle tragen Verantwortung dafür, dass auch die nächsten Generationen noch auf ihr leben können."
(Zitat aus der Petition ‚*Neues Geld*', welche im Oktober 2008 an alle politischen Entscheidungsträger Österreichs in Bund, Ländern und Gemeinden von der *Initiative Neues Geld* im Unterguggenberger Institut Wörgl ergangen ist).
In dieser Petition wurde auch darauf verwiesen „... *dass die Zukunft unserer Wirtschaft nicht auf Gedeih und Verderb dem globalen Spielcasino der Spekulanten an den Börsen ausgeliefert sein soll. Die Politik kann durch eine Demokratisierung des Geldsystems, die Zulassung und Unterstützung neuer Zahlungs- und Verrechnungssysteme wesentlich zur Stabilität der Wirtschaft und damit zum Gemeinwohl beitragen.*"
Diese Initiative wird auch damit begründet, dass neue Geldformen darauf abzielen, wertstabil, demokratisch gelenkt und gemeinschaftsbildend zu sein, sie unterstützen eine nachhaltige, ressourcenschonende und naturnahe Wirtschaftsweise mit dem Ziel, gerecht verteilten Wohlstand für alle zu ermöglichen.

Einen bemerkenswerten Vorstoß in Richtung *neues Geldsystem* hat in Deutschland auch die *Grundrechtsschutz-Initiative 2007* unternommen. Dem deutschen Bundestag wurde eine Petition überreicht, in welcher ein Wechsel des derzeitigen Geldsystems hin zu einem zinsfreien Buchgeld vorgeschlagen wird. Die Initiatoren sind auch der Überzeugung, dass ein zinsfreies Buchgeldsystem völlig steuerfrei sein kann. Die *Grundrechtsschutz-Initiative* wirbt weltweit für den Wechsel des Geldsystems hin zu einem zinsfreien Buchgeldsystem, mit dem sämtliche

Finanzierungsprobleme auf öffentlicher wie auf privater Ebene dauerhaft gelöst werden können.

Was kann man da machen?

Wir dürfen nicht warten bis „die da oben" etwas unternehmen und die Weichen für ein neues, allen Menschen dienendes und spekulationsresistentes Geldsystem stellen. Längst gäbe es Alternativlösungen; doch diese werden von den Kräften, die vom derzeitigen Finanzsystem profitieren, unterdrückt und lächerlich gemacht. Die Bevölkerung wird getäuscht und sie lässt sich auch täuschen. Weder von der Politik noch von den offiziellen Medien kommt die Forderung nach dem notwendigen Paradigmenwechsel, denn zu sehr sind die Schlüsselpositionen der Welt bereits von den Interessen der Geldmacht besetzt. Und die Kirchen als moralische Institutionen haben offensichtlich andere Sorgen und Prioritäten und fordern nicht offiziell und eindeutig die Beendigung des Zinseszins-Tanzes um das Goldene Kalb.
Es gibt nur eine Möglichkeit: Die Forderung danach muss ganz massiv, koordiniert und global von der Basis kommen. Die Zeit hierfür ist reif und das Instrumentarium der Vernetzung mittels Internet wird den Erfolg garantieren! Gehen Sie sofort ans Werk! Sie brauchen nur ein paar Stichwörter in Ihre Internet-Suchmaschine eingeben oder einschlägige Internet-Adressen anklicken und schon landen Sie in einem Pool voller hochinteressanter Informationen zum Thema „Neues Geld" und bereits anlaufender Aktivitäten zum „Geld-Wechsel".

Beispielsweise:
www.neuesgeld.com
www.monetavive.de
www.grundrechtsschutzinitiative.de
www.egon-w-kreutzer.de   www.monneta.org

Petition
„Neues Geld“

Unterschriften-Aktion der Initiative *Neues Geld*

Die Initiative Neues Geld besteht aus österreichischen Komplementärwährungs-Initiativen.
Mit der Petition „Neues Geld“ werden die politischen Entscheidungsträger in Bund, Land und Gemeinden ersucht, ergänzende Währungen zu unterstützen. Bei der Neuordnung des weltweiten Finanzsystems sollen neben den Vertretern der traditionellen Geldtheorie auch ExpertInnen für Komplementärwährungen sowie WissenschaftlerInnen anderer Geldtheorien eingebunden werden.
Die Unterschriftenaktion läuft bis zum Frühjahr 2009.
Weitere Info: www.neuesgeld.com

Ausgefüllte Unterschriftenlisten bitte einsenden an:
Unterguggenberger Institut Wörgl,
Unterguggenberger Straße 3, 6300 Wörgl.

Anmerkung: Diese Petition mit über 1.100 Unterschriften wurde am 25. 2. 2009 im Österreichischen Parlament eingebracht.

Oneline-Auskunft über den Stand der parlamentarischen Behandlung:

www.parlament-gv.at/PG/DE/XXIV/PET_00016/pmh.shtml

Eigene Anmerkungen:

Regionalwährungen 64

Regionalwährungen sind Zahlungsmittel, die das gesetzliche Geld ergänzen und innerhalb einer bestimmten Region Gültigkeit haben. Es handelt sich also nicht um „offizielle" Währungen, sondern um legale, vereinsinterne Komplementärwährungssysteme. Mit diesem Regionalgeld können bei Wirtschaftstreibenden, die Mitglied des jeweiligen Regionalwährungsvereines sind, Dienstleistungen und Produkte direkt bezahlt werden. Das primäre Ziel von Regionalwährungen ist die wirtschaftliche Stärkung der jeweiligen Region und die Etablierung einer auf Kooperation basierenden Wirtschaftsweise. Die einzelnen Vorteile, die sich durch die Verwendung einer entwickelten Regionalwährung ergeben, sind:

- die Stärkung und Erhaltung bestehender sowie die Schaffung neuer regionaler Wirtschaftskreisläufe – dies führt wiederum zu einer Stabilisierung der regionalen Wirtschaftsstrukturen;
- eine Stärkung der Nachfrage nach Produkten und Dienstleistungen mit hohem regionalen Wertschöpfungsanteil – Vermarktung regionaler Produkte und Verminderung des Kaufkraftabflusses;
- die Finanzierung gemeinnütziger sozialer und kultureller Aktivitäten sowie eine stärkere Vernetzung von sozialen Organisationen/Projekten mit Gemeinden und Wirtschaftstreibenden;
- der Aufbau einer Wirtschaftskultur, die auf „Kooperation" anstatt auf „Konkurrenz" basiert;
- eine Stärkung des Gemeinschaftssinns und des regionalen Selbstbewusstseins sowie der kulturellen Identität;
- die Förderung von nachhaltigem, ökologischem Wirtschaften durch kurze Transportwege und langlebige Produkte bzw. Wiederverwertung und Reparatur.

Die technische Ausgestaltung der einzelnen Regionalwährungen ist von Fall zu Fall verschieden. Grundsätzlich werden Regio-Geldscheine aber im Verhältnis 1:1 zum Euro ausgegeben. Die meisten Regionalwährungen sind daher zu 100 % euro-gedeckt. Das Regionalgeld ist mit einem

Ablaufdatum versehen und hat meist eine Gültigkeit von 3 bis 6 Monaten und kann gegen eine geringe Gebühr (üblicherweise 2 % im Quartal) erneuert werden. Auch Scheine mit Endablauf per Jahresende werden praktiziert. Die Umlaufsicherungsgebühr soll für eine höhere Umlaufgeschwindigkeit der gesamten Geldmenge sorgen und Geldhortung vermeiden. Die Idee der Umlaufsicherung entspringt dem Konzept der *„Natürlichen Wirtschaftsordnung"* von Silvio Gesell, dem Begründer der Freiwirtschaftslehre. Wenn das Regiogeld bei den Ausgabestellen bzw. beteiligten Banken in Euro umgetauscht wird, fällt eine Rücktauschgebühr in der Höhe von rund 5 % an. Das hat den Zweck, dass das Regiogeld möglichst nicht gegen Euro rückgetauscht, sondern in Zahlung weitergegeben wird. Der Erlös aus der Rücktauschgebühr kommt in der Regel sozialen Vereinen bzw. kulturellen Projekten zu Gute.

In den letzten Jahren hat die Idee der Regionalwährungen starken Auftrieb erhalten. In immer mehr Gemeinden gibt es Initiativen für die Einführung einer Regionalwährung. Auch wenn der ökonomische Stellenwert der einzelnen Initiativen noch ein bescheidener ist, so ist jedoch die damit einhergehende bewusstseinsbildende Wirkung hinsichtlich einer nachhaltigen ökologischen und kooperativen Wirtschaftsweise von enormer und nicht zu unterschätzender Bedeutung.

Was kann man da machen?

Interessieren Sie sich für das Thema *Regionalwährungen.* Eine umfassende Information über diese immer aktueller werdende „Parallelwährung" erhalten Sie in der Homepage des Unterguggenberger Instituts Wörgl e. V. www.neuesgeld.com. Unterstützen Sie die Initiative „Neues Geld", die in Form einer Petition an alle politischen Entscheidungsträger in Österreich zur Unterstützung von Komplementärwährungen ergangen ist. Wie erfolgreich Regionalwährungen sein können zeigen Ihnen die Beispiele „Waldviertler" www.waldviertler-regional.at und der steirische „Styrrion" www.styrrion.at

NEUE WEGE AUS DER FINANZ- UND WIRTSCHAFTSKRISE

Unsere Sozialsysteme erodieren. Das Gesundheitssystem ist nich mehr bezahlbar. Börsencrashs haben das Vermögen vieler Sparer erheblich reduziert. All dies sind Auswirkungen eines kapitallastigen Wirtschaftssystems, das Geldspekulation stärker fördert als den Austausch von Gütern und Leistungen. Die Geldexperten Kennedy und Lietaer erklären auf spannende Weise, was unser Geldsystem mit diesen Exzessen zu tun hat und wie sich das Geld aus der Sphäre des Spekulativen dorthin zurückholen lässt, wo es den Bedürfnissen der Menschen dient – in den regionalen Wirtschaftskreislauf.

(Klappentext des Buches „*Regionalwährungen – Neue Wege zu nachhaltigem Wohlstand*“ von Margit Kennedy und Bernard A. Lietaer)

Eigene Anmerkungen:

Das wird wohl niemand bestreiten: Wir leben in einer Wegwerfgesellschaft. Die Menschheit entnimmt der Erde jährlich rund 60 Milliarden Tonnen an natürlichen Ressourcen. Jeder Einkauf und jede Dienstleistung verbraucht Ressourcen, welche letztendlich in unfassbaren Dimensionen auf Deponien oder als Emission in der Luft, im Wasser und im Boden landen. Nur ein verschwindend kleiner Prozentsatz davon wird wiederverwertet. Das auf ständiges Wachstum und Profitmaximierung ausgerichtete neoliberal-kapitalistische Wirtschaftssystem setzt nicht auf Langlebigkeit und Wiederverwertung von Produktionsgütern. Aber im eigenen Interesse und vor allem im Interesse der nachkommenden Generationen muss dieser ökologische Rucksack bzw. ökologische Fußabdruck verkleinert werden.
Ein wirkungsvoll nachhaltiges Handeln kann daher nur heißen: *„Auch Tauschen statt nur Kaufen."* Das erkennen und schätzen immer mehr Menschen und interessieren sich für Tauschkreise, zumal damit auch eine völlig neue Dimension im gesellschaftlichen Leben erschlossen wird.
Ein Tauschring kann so definiert werden: Er fördert den geregelten Tausch von Gütern und Dienstleistungen zwischen Menschen im Rahmen einer Verrechnungseinheit durch eine zentrale Tauschvermittlungsstelle. Die Mitglieder bieten Waren und/oder Dienstleistungen an und erhalten auf einem fiktiven Konto dafür eine Gutschrift, z. B. in Form von so genannten „Talenten". Dafür können sie Waren und Dienstleistungen anderer Mitglieder konsumieren.

Das kann ein Tauschkreis bewirken:
Förderung von ungenutzten und/oder unbezahlten Fähigkeiten der Mitglieder – Ein Tauschkreis soll allen Beteiligten auch Spaß und Freude machen – Bewusstseinsbildung zum derzeit herrschenden globalen Geld- und Wirtschaftssystem – Stärkung der regionalen Wirtschaftsstrukturen und der Nachbarschaftshilfe – Einsparung von

Energiekosten – Stärkung des Selbstbewusstseins – Die Solidarität der Menschen wird gefördert – Der Isolation und Vereinsamung wird vorgebeugt – Die lokale Gemeinschaft und persönliche Kontakte werden verstärkt – Die Abhängigkeit von Geld wird zumindest gemildert – Kreativität wird gefördert – Ein Beitrag zum Unweltschutz wird geleistet, weil Gebrauchsgegenstände repariert und somit die Abfallmenge reduziert wird – Gebrauchte Gegenstände bleiben länger im Umlauf – Hilfe zur Selbsthilfe, insbesondere bei Arbeitslosigkeit, wird ermöglicht – Sozial benachteiligte Personen können Leistungen in Anspruch nehmen, für die sonst kein Geld da wäre – Soziale Sicherungssysteme können entlastet werden – Tauschringe demonstrieren ein frauenfreundliches Wirtschaftssystem: Zahlreiche Dienste, die zuvor privat, isoliert und unbemerkt im Privathaushalt verrichtet worden sind, werden wieder sichtbar, aufgewertet und durch Gegenleistungen abgegolten – Gerade in Rezessionszeiten können Tauschringe eine gewisse konjunktur-stabilisierende Wirkung haben und zur allgemeinen Wohlfahrtssteigerung beitragen.
Vor allem angesichts der verheerenden Folgen der Finanz- und Wirtschaftskrise boomen weltweit Tauschringe und regionale Währungssysteme. In Österreich wurde der erste Tauschkreis 1994 in Vorarlberg gegründet. Inzwischen gibt es schon mehrere Dutzend und sie werden immer mehr. Um das System effektiver zu machen, wird eine österreichweite Vernetzung mit einem überregionalen Verrechnungssystem angestrebt.

Was kann man da machen?

Wenn Sie noch kein Mitglied eines Tauschringes sind, dann wäre es überlegenswert, sich über dieses Konzept zumindest einmal zu informieren. Vielleicht bekommen Sie einen Geschmack auf diese interessante und hilfreiche Einrichtung. Haben Sie einen Internet-Zugang, dann geben Sie in der Suchmaschine einfach „*Tauschringe*" ein. Wahrscheinlich gibt es in Ihrer Region ohnehin bereits Tauschkreise.

Was man alles tauschen kann

Dienstleistungen:

Kinderbetreuung – Nachhilfestunden – Babysitten – Gartenhilfsdienste – Musikunterricht – Beratungsleistungen – Reparaturen aller Art – Botendienste – Putz-Dienstleistungen – Hilfe bei Wohnungsrenovierung und Wohnungsumzug – Näharbeiten – Hilfsdienste im Haushalt und bei Partys – Transporte – Fahrgemeinschaften – Private EDV-Beratung und EDV-Betreuung – Massagen – Brennholzarbeit – Gartenteich-Anlage und Teichpflege – Fahrradreparaturen – Computer- bzw. Internet-Dienstleistungen – „Bekochen" von Gästen – Nachhilfe in Buchhaltung – Maschinen- und Geräteverleih – Dia- und Filmscannerverleih – Tipps für Unternehmensgründungen – Märchenerzähler – Anlassdichtungen – Flohmarkt-Depotverwaltung – Urlaubsquartier und Übernachtungsmöglichkeiten – Bereitstellung von Lagerräumen – Gartenflächen zum Selbstbewirtschaften – etc. etc.

Warenangebote:

Selbstgemachte Marmeladen- und Fruchtsäfte – Spiele – Fahrräder – Bastelarbeiten – Kuchen und Torten – Bücher – Zimmerpflanzen – Obst zum Selberpflücken – etc. etc.

Eigene Anmerkungen:

- … dass in jedem Artikel den Sie kaufen rund 40 % bis 70 % Zinsen im Preis enthalten sind?
- … dass die weltweiten Spekulationsgeschäfte bereits ein Ausmaß erreicht haben, dass nur 4 Handelstage am Währungsmarkt reichen würden, um den gesamten internationalen Handel und die Auslandsinvestitonen eines Jahres abzuwickeln? Der Rest ist reine Spekulation!
- … dass nach einer EU-Studie (Spiegel online, 11. 10. 2008) die Menschheit durch die Umweltzerstörung mehr Geld als bei der aktuellen Finanzkrise verliert. Besonders teuer ist die Abholzung von Wäldern weltweit. Sie verursacht Schäden bis zu fünf Billionen Dollar pro Jahr (!).
- … dass zahlreiche namhafte Weltkonzerne mit Spekulationsgeschäften in der Finanzwirtschaft wesentlich mehr verdienen, als in der Realwirtschaft mit ihrem eigenen Produktionsbetrieb.
- … dass der Kapitalismus in seiner Philosophie auf folgende Kurzformel gebracht werden kann: „Gewinne privatisieren – Verluste sozialisieren."
- … dass 1913 die führenden Privatbanken der USA in einem „Staatsstreich" das Monopol der Geldschöpfung (Ausgabe der Dollarnoten) an sich gerissen haben?
- … dass – während die Welt von profitgierigen Konzernen ausgebeutet wird – auf unserer Erde alle 5 Sekunden ein Kind verhungert und täglich ca. 100.000 Menschen an Hunger oder seinen unmittelbaren Folgen sterben?
- … dass Japan mit einer Staatsverschuldung von 200 % des BIP das höchstverschuldete Land unter den Industrienationen ist.

- … dass es der Zinseszins ist, der alle 70 bis 80 Jahre das Finanzsystem weltweit zusammenbrechen lässt? Dieser führt nämlich zu einem exponentiell wachsenden Geldvermögen, das mit dem realen Wirtschaftswachstum nicht Schritt halten kann und somit in der Folge das Finanzsystem kollabiert.

- … warum das „Bretton-Woods"-Abkommen, welches in den 1950er- und 1960er-Jahren erfolgreich internationale Finanzkrisen verhinderte und das „Wirtschaftwunder" ermöglichte, 1973 von den USA aufgekündigt wurde? Deshalb, um zur Finanzierung des Vietnamkrieges unbeschränkt Geld drucken zu können.

- … dass das gigantische Rettungspaket für Griechenland hauptsächlich den Banken sowie den deutschen und französischen Rüstungskonzernen dient? Wussten Sie auch, dass das bankrotte Griechenland sein Etat für Rüstungsausgaben 2012 um 18,2 % auf 1,3 Milliarden Euro erhöht, während der Sozialhaushalt um 9 % gekürzt wird?

- … dass nach einer Forbes-Analyse die weltweit 40 führenden Manager der auf riskante Anlagen spezialisierten Hedgefonds sagenhafte 13,2 Milliarden Dollar im Jahr 2011 verdienten?

- … dass schätzungsweise 15.000 Lobbyisten in Brüssel Einfluss auf die EU-Institutionen bzw. auf die Gesetzgebung nehmen? Etwa 70 % davon arbeiten für Unternehmen und Wirtschaftsverbände – nicht immer mit sauberen Methoden, wie man weiß …

- … dass nach islamischem Glauben Zinsen verboten sind und eine Kreditgewährung bei den islamischen Banken so geregelt ist, dass sie an den Gewinnen und Risken der kreditnehmenden Firmen beteiligt sind.

- … dass neben dem „normalen" Bankensystem noch ein anderes existiert, das man die „Schattenbanken" nennt? Es sind kaum kontrollierbare Organisationen (z. B. Hedgefonds), die hochriskante Finanzgeschäfte in Billionen(!!)-Höhe abwickeln und somit die größte Bedrohung für die ganze Finanzstabilität darstellen.

Wenn die Menschen

Gerissenheit, Habgier und Rücksichtslosigkeit
als Erfolgsantriebe bejahen,
entsteht der Raubtierkapitalismus.
Das Wirtschaftssystem spiegelt den Reifezustand
der Gesellschaft wider. Selbst Manager,
die für eine offensichtliche Straftat
belangt werden, ernten meist Milde ...
Scharen von unverantwortlichen Zockern
auf den Finanzmärkten bleiben ungeschoren ...
Dass sie nicht bestraft werden können,
ist bezeichnend und spiegelt einen Sittenverfall
in unserer Gesellschaft wider.

(Der Psychoanalytiker Dr. Horst Eberhard Richter,
zit. nach Spiegel online, 18. 8. 2009)

Eigene Anmerkungen:

„Klein, aber oho!“, könnte man das nur 30 Seiten starke „Buch“ des 93-jährigen ehemaligen französischen Resistance-Kämpfers und Holocaust-Überlebenden des KZs Buchenwald, des späteren UNO-Botschafters und letzten noch lebenden Mitautors der Charta der Menschenrechte 1948, Stephane Hessel, bezeichnen.
Dieses Büchlein wurde weltweit zu einem Bestseller. Warum? Weil diese „Streitschrift“ die heutigen Probleme nicht nur punktgenau anspricht, sondern den einzig gangbaren Weg zu grundlegenden Veränderungen glasklar und nachvollziehbar aufzeigt.

Seinen Lesern empfiehlt Hessel: *„Ich möchte, dass ihr einen Grund zur Empörung findet. Das kostet nichts. Wenn uns etwas empört, dann verwandeln wir uns in Kämpfer, wir fühlen uns der Sache verpflichtet und dann ist unsere Kraft nicht zu brechen.“*
Die Gründe der Empörung gehen nicht aus, sagt Hessel: *„In dieser Welt gibt es untragbare Zustände, die Gesetze des Wirtschaftssystems, die für die gegenwärtige verheerende Krise verantwortlich sind. Die internationale Diktatur der internationalen Märkte ist eine Bedrohung für den Frieden und die Demokratie. Niemals vorher war die Macht des Geldes so groß, dreist und egoistisch, und niemals vorher haben sich die treuen Diener des Gottes Geld in so hohen Sphären des Staates befunden. Die Diktatur des Finanzkapitals bedroht die Demokratie, reißt die Schere zwischen Arm und Reich immer weiter auseinander, unterdrückt Minderheiten und zerstört die Umwelt unseres Planeten.“*
Er schreibt weiters: ***„Man wagt uns zu sagen, der Staat könne die Kosten dieser sozialen Errungenschaften nicht mehr tragen. Aber wie kann heute das Geld dafür fehlen, da doch der Wohlstand so viel größer ist als zur Zeit der Befreiung, als Europa in Trümmern lag?“*** Er schreibt *„von Anmaßung, Egoismus, Lobbyismus. Es reicht bis in die höchsten Ränge des Staates. So was mag die selbsternannte ‚Elite‘ nicht. Die privatisierten Banken kümmern sich nur noch um ihre Dividenden und die*

gewaltigen Einkommen ihrer leitenden Manager, aber nicht um das Gemeinwohl."

Hessel prangert an zweiter Stelle die wachsende Ungleichheit zwischen denen an, die fast nichts haben und denen, die alles haben: „*Die Kluft zwischen den Ärmsten und den Reichsten war niemals vorher so groß; ebenso wie das Bestreben, seine Mitmenschen zu bekämpfen und nach Geld zu gieren.*"

„*Das im Westen herrschende materialistische Maximierungsdenken hat die Welt in eine Krise gestürzt, aus der wir uns befreien müssen.*"

Der Aufruf zum Widerstand richtet sich gegen den Neoliberalismus mit seiner Marktradikalität, der unseren Verstand vergiftet – weit hinein in alle Kreise der Gesellschaft.

EMPÖRT EUCH ist ein Aufruf insbesondere an die jungen Menschen, die aufgefordert werden, ihren Beitrag zu leisten, um dem Mensch-Sein zu neuer Blüte zu verhelfen. Er ruft auf zum friedlichen Widerstand gegen Ungerechtigkeiten, Unterdrückung, Umweltzerstörung, gegen die Finanzwelt, die Politik und ihre Machenschaften.

Es ist aber kein Aufruf zur blutigen Revolution, im Gegenteil, Gewalt ist absolut nicht nötig, sondern: Das Gehirn einschalten und den Mund aufmachen. Hessel zeigt sich als Befürworter eines „friedlichen Aufstandes", vor allem gegenüber den Massenkommunikationsmitteln in den Händen der Mächtigen, die den Bürgern nur eins anbieten können: „*Den massenhaften Konsum, die Geringschätzung der einfachen Leute und der Kultur, ein großes Vergessen und einen messerscharfen Wettbewerb aller gegen alle.*"

Was kann man da machen?

Den Aufruf Stephane Hessels „*Widerstand leisten und Neues schaffen*" beherzigen und in die Tat umsetzen.

Die modernen „Kampfmittel" hierzu sind: Internetforen, Facebook, Twitter und auch Bürgerinitiativen etc. – Sich nur zu empören, reicht nicht!

ENGAGIERT EUCH!

Der Verfasser der Streitschrift EMPÖRT EUCH!, der ehemalige französische Diplomat Stephane Hessel, hat es nicht bei diesem Aufruf bewenden lassen. Seine neueste Publikation ENGAGIERT EUCH ist ein Aufruf zum Engagement für eine bessere Welt.

Einige Auszüge aus diesem bemerkenswerten Büchlein:

„Für den größten Skandal halte ich die soziale Ungleichheit im Wirtschaftsleben, den Gegensatz von sehr reich und sehr arm in einer Welt, die zusammengewachsen ist“ … „Sich zur Wehr zu setzen, sich aufzulehnen darf natürlich nicht beim Nachdenken oder Benennen aufhören, sondern muss in Aktionen münden“ … „Die Jugend von heute ist gefordert, für die Werte einzustehen, nach denen sich ihr Vertrauen oder Misstrauen gegenüber den Regierenden bemisst“… „Unsere Welt ist nur noch ein Schatten ihrer selbst. Sie ist seit der Weltkrise aus den Fugen geraten, von den großen Profiteuren des internationalen Finanzsystems destabilisert. Sie muss so schnell wie möglich in eine Welt überführt werden, die gerecht ist, in der alle gleich sind und jeder frei ist“…
„Wir müssen handeln, und zwar mit den Mitteln der Demokratie. Dazu gehören die Beteiligung an Protesten, internationale Zusammenarbeit sowie persönliches Engagement im Kleinen. Aber vor allem brauchen wir eines: den Glauben daran, dass unser bürgerliches Engagement die Welt verändern kann.“

Eigene Anmerkungen:

Rebellion per Internet 68

Dem ehemaligen US-amerikanischen Großindustriellen Henry Ford wird folgendes Zitat zugesprochen: ***„Gut, dass die Menschen der Nation unser Bank- und Geldsystem nicht verstehen, denn sonst, glaube ich, würde es noch vor morgen früh eine Revolution geben.“***

Die Menschen von heute spüren und verspüren sehr genau, dass die Ursachen der globalen Wirtschaftskrise im herrschenden Geldsystem zu suchen sind. Zu keiner Zeit bisher gab es aber auch eine derartige Fülle von fundierten Informationen über die Hintergründe und Zusammenhänge dieses Phänomens. Es gibt also keinen Grund mehr, dass sich diese prophetischen Worte Henry Fords zur gegebenen Zeit nicht realisieren werden. Denn die Geduld des Volkes ist sicher enden wollend. Die Frage ist nur, in welcher Form sich die von einem Raubtier-Kapitalismus ausgebeuteten Menschen zur Wehr setzen sollten.

Wenn wir zurückblicken in die Geschichte der Menschheit, dann sehen wir, dass es immer wieder, und zwar dann, wenn das Maß übervoll ist, wenn die Ausbeutung ein unerträgliches Höchstmaß erreicht hat, es zu Auflehnungen und Rebellionen gekommen ist.

Viele Menschen weltweit würden wahrscheinlich am liebsten schon heute auf die Barrikaden steigen und dieses globale, korrupte und widernatürliche Finanzsystem hinwegfegen. Aber in unserem modernen Computerzeitalter ist so ein reales „Auf-die-Barrikaden-Steigen“ nicht mehr notwendig und wäre wahrscheinlich auch nicht zielführend.

Es ist an und für sich ganz einfach: Bedienen wir uns der Möglichkeiten, die uns das Internet bietet. Die global vernetzten Spekulanten, Zocker und Ausbeuter tun es zu ihrem Vorteil schon lange. Eine hervorragende Grundlage für eine wirkungsvolle Rebellion gegen unser Weltbeherrschendes und zerstörerisches Geldsystem bietet das Buch *„Uns gehört die Welt! Macht und Machenschaften der Multis“* von Klaus Werner-Lobo. Nicht nur deshalb, weil die dort aufgezeigten Fakten unanfechtbar gut recherchiert und in einer für Jung und Alt gleichermaßen überzeugend und verständlichen Sprache kommuniziert wurden, sondern weil zu jedem Kapitel ganz konkrete Vorschläge gemacht werden, was jede(r) Einzelne von uns dagegen unternehmen kann. Auch in diesem Buch finden Sie bei jedem Kapitel nach der Fragestellung „*Was kann man da machen?*" Vorschläge für mögliche Handlungsweisen.

Es gibt in diesen Publikationen zuhauf weiterführende Informationen zu einschlägiger Literatur und zu Filmdokumenten sowie zu Kontaktadressen und Internet-Foren. Am erfolgversprechendsten wird wahrscheinlich sein, sich an der Vernetzungsplattform www.unsdiewelt.com zu beteiligen.

Nutzen Sie auch mit Mail-Adressen das System der Kettenbriefe und geben Sie so Informationen, aufklärungsbedürftige Fakten und einschlägiges Wissen weiter. Verfassen Sie Leserbriefe. Kontaktieren Sie Politiker per Mail oder Brief. Die für diese globale Finanz- und Wirtschaftsmisere Verantwortlichen müssen regelrecht bombardiert werden mit Fragen, die bislang nicht zufrieden stellend beantwortet wurden. Sie müssen gezwungen werden, die Karten auf den Tisch zu legen. Sagen wir Ihnen, dass wir uns nicht mehr abspeisen lassen mit Worthülsen und wir auch nicht bereit sind, die Zeche für eine Finanz- und Wirtschaftspolitik zu bezahlen, die systembedingt die Reichen immer reicher und die Armen immer ärmer macht.

„Zu lange hat die Demokratie, hat die Bevölkerung geschlafen. Zu lange ließen die Menschen die Verwaltung ihres Geldes – sogar seine Erzeugung und Vernichtung – in den Händen von selbsternannten Experten, den Bankern, die sich bei näherer Betrachtung jedoch als ahnungslos, leider oft auch als betrügerisch erweisen, …" (Aus dem Vorwort zum Buch „Das Ende des Geldes" von Franz Hörmann/Otmar Pregetter).

Was kann man da machen?

Beteiligen Sie sich nach Ihren Möglichkeiten an einer Weltrevolution gegen unser derzeitiges menschenrechtswidriges Geldsystem.
Informieren Sie sich und ziehen Sie daraus Schlüsse!

Das im Westen

herrschende materialistische Maximierungsdenken
hat die Welt in eine Krise gestürzt,
aus der wir uns befreien müssen.
Wir müssen radikal mit dem Rausch des

„Immer noch mehr"

brechen, in dem die Finanzwelt,
aber auch Wissenschaft und Technik
die Flucht nach vorn angetreten haben.
Es ist höchste Zeit, dass Ethik, Gerechtigkeit, nachhaltiges
Gleichgewicht unsere Anliegen werden.
Denn uns drohen schwerste Gefahren,
die dem Abenteuer Mensch auf einem für uns
unbewohnbar werdenden Planeten
ein Ende setzen könnten.

**„NEUES SCHAFFEN HEISST WIDERSTAND LEISTEN.
WIDERSTAND LEISTEN HEISST NEUES SCHAFFEN"**

(Stephane Hessel in seiner Streitschrift
„Empört euch!")

Eigene Anmerkungen:

Dass sich in der Welt die rücksichtslose Ausbeutung von Mensch und Natur immer dramatischer vollzieht und sich in der Folge größte menschliche Tragödien abspielen, da sind die Kirchen nicht ganz unschuldig. Alle diese negativen Entwicklungen sind im Wesentlichen zurückzuführen auf die Folgen der „Todsünde Gier". Grundlage dafür ist ein Geldsystem, welches über Jahrtausende hinweg die Kirchen schärfstens verurteilt und ein Zuwiderhandeln auch sanktioniert haben (beispielsweise die römisch-katholische Kirche in einem Beschluss des II. Lateranischen Konzils 1139: *„Wer Zinsen nimmt, soll aus der Kirche ausgestoßen und nur nach strengster Buße und mit größter Vorsicht wieder aufgenommen werden. Einem Zinsnehmer, der ohne Bekehrung stirbt, soll das christliche Begräbnis verweigert werden*"). Nachweislich sind aber die Kirchen, insbesondere die römisch-katholische Kirche im 20. Jh., von dieser Doktrin des Zinsverbotes – offensichtlich aus Eigeninteresse – abgerückt.

Nun sind aber die Kirchen nicht nur Heilsverkünder, sondern auch moralische Institutionen. In dieser Eigenschaft sind ihre Religionsführer verpflichtet, diese derzeitigen verhängnisvollen Entwicklungen nicht nur zu sehen und zu verurteilen, sondern auch konkrete beispielgebende Handlungen zu setzen.

Carl Friedrich von Weizsäcker, deutscher Physiker und Philosoph hat einmal folgende Aussage getroffen: ***„Die Kirche hat nicht den Auftrag, die Welt zu verändern. Wenn sie aber ihren Auftrag erfüllt, verändert sich die Welt."***

Erfüllt die Kirche ihren Auftrag oder werden die Menschen mit ihren zunehmenden irdischen Problemen im Stich gelassen?

Dass die Kirchen willens sind, ihren Auftrag zu erfüllen, kann mit der Veröffentlichung des „Sozialwortes" im Jahre 2003 angenommen werden. Dieses Sozialwort der 14 Mitgliedskirchen des Ökumenischen Rates der Kirchen Österreichs versucht aus christlicher Sicht wegweisende Antworten zu geben oder grundsätzliche Fragen zu stellen, um schließlich konkrete Schritte zur Umsetzung der erkannten Zeichen der Zeit aufzuzeigen. Neben Fragen von Arbeit, Wirtschaft und sozialer Sicherheit widmet sich das gemeinsame Sozialdokument aller christlichen Kirchen Österreichs auch den Bereichen Friedenssicherung, Bildung, weltweite Gerechtigkeit, Verantwortung vor der Schöpfung, Ehe und Familie, Lebensschutz, der Gestaltung städtischer und ländlicher Lebensräume.

In der Charta Oecumenica, in der Leitlinien für die wachsende Zusammenarbeit unter den Kirchen in Europa formuliert wurden, heißt es zum Geleit: „*Wir verpflichten uns, uns über Inhalte und Ziele unserer sozialen Verantwortung miteinander zu verständigen und die Anliegen und Visionen der Kirchen gegenüber den säkularen europäischen Institutionen möglichst gemeinsam zu vertreten, die Grundwerte gegenüber allen Angriffen zu verteidigen.*“

In der Erklärung der Vollverammlung des Ökumenischen Rates vom 19. 3. 2009 heißt es u. a.: ***„Der Rat verurteilt den unverantwortlichen Missbrauch von anvertrautem Vermögen. Er verurteilt scharf die Gier nach Geld um seiner Selbst willen und erinnert an die biblische Forderung nach einer gerechteren Verteilung von Vermögen und Einkommen. Der ÖRKÖ bejaht Handel und Wirtschaft als Mittel zur Schaffung menschenwürdiger Lebensumstände; eine Finanzwirtschaft, die sich der Verantwortung für Umwelt, Gerechtigkeit und Zukunft entzieht, ist der falsche Weg.“***

Es wird in diesem Dokument auch eine grundlegende Reform des Weltwirtschaftssystems sowie des internationalen Finanzsystems gefordert.

Was kann man da machen?

Schreiben Sie an den Ökumenischen Rat der Kirchen Österreichs (ÖRKÖ), 1180 Wien, Severin-Schreiber-Gasse 3, E-Mail: oerkoe@kirchen.at (Web: www.kirchen.at) und fragen Sie nach, inwieweit die Erklärung der Vollversammlung vom 19. 3. 2009 zur weltweiten Finanzkrise bei der Politik auf Resonanz gestoßen ist.

Fordern Sie den Ökumenische Rat auf, er möge dem Papst die Einberufung eines überkonfessionellen Konzils, bei dem die Kirchen zumindest in der Frage des ehemals verbotenen Zinsnehmens mit einer Stimme sprechen, vorschlagen.

KIRCHE UND ZINSVERBOT

Das Abrücken der Kirchen vom Zinsverbot hat den Aufstieg des modernen Kapitalismus entscheidend begünstigt. Nachdem die Zinswirtschaft die Menschengemeinschaft in beispielloser Weise zerrüttet hat und die Gegensätze zwischen Arm und Reich globale Ausmaße angenommen haben, ist eine Umkehr von Theologen und Ökonomen vonnöten. Die Traditionen des Zinsverbotes müssen der Öffentlichkeit wieder ins Bewusstsein gebracht werden, um Gegenmacht gegen die internationale Finanzwelt aufzubauen und nach Mitteln und Wegen zu suchen, die wirksamer zum Ziel einer zinsfreien Wirtschaft führen als umgehbare Verbote. Heute ist weltweit sichtbar geworden, dass die internationalen Kapitalkräfte – und diese haben sich vorwiegend in „christlichem" Umfeld entwickelt! – in der Zinspraxis kriminelle Ausmaße angenommen haben.
Ökonomisch gesehen bedeutet Zinsnehmen von einem bestimmten Punkt an eine Vermehrung des Geldes ohne Koppelung an die Produktion von Gütern. Dieser Prozess führt auf Dauer zum Ruin jeder Volkswirtschaft.

(Dietrich Schirmer, Studienleiter an der Ev. Akademie Berlin
„Zum Problem des Zinsnehmens",
Zeitschrift für Sozialökonomie, Sept 1990)

Eigene Anmerkungen:

Zum Überdenken und Hinterfragen 70

Das ist nun das letzte Kapitel dieses Buches, dessen Zweck es ist, Sie möglichst umfassend über die Allmacht des Geldes in allen Bereichen des menschlichen und wirtschaftlichen Lebens zu informieren. Haben Sie das alles gewusst? Sind Sie überrascht, enttäuscht und wütend auf jene, die dieses Geldsystem schamlos nur zum eigenen Vorteil ausnutzen und auf jene in Wirtschaft und Politik, die uns weismachen wollen, dass durch rigorose und schmerzliche Einsparungsmaßnahmen auf dem Rücken der breiten Masse dieses korrupte Geldsystem noch zu retten ist?

Jetzt liegt es an Ihnen, an jedem und jeder von uns. Nur wenn sich die Basis geschlossen erhebt gegen die Macht der vielfach schon kriminell agierenden Finanzindustrie, dann kann es zu einen für die Menschheit segensreichen Paradigmenwechsel kommen. Machen Sie daher Gebrauch von den „*Was kann man da machen?*"-Anregungen.

Um Ihnen das notwendige persönliche Engagement zu erleichtern, sollen anschließend nochmals einige der wesentlichen Konstruktionsfehler unseres Geldsystems aufgezeigt werden:

- Warum muss sich der Staat, der doch eigentlich selbst die Hoheit über seine Währung haben könnte, Geld von Privatbanken gegen Zinsen leihen? Noch dazu, wo doch bekanntermaßen das verliehene Geld weitestgehend aus dem „Nichts" und somit als Luftgeld geschaffen wird. Ein immer wieder ins Treffen geführtes, aber wenig überzeugendes Argument ist, weil es sonst eine unkontrollierbare Inflation geben würde. Es bleibt die Frage: Wessen Interessen vertreten die Politiker, wenn sie ein solches Geldsystem nicht hinterfragen? Wem ordnen sie sich unter, wenn sie die immer höher werdende Zinslast in der Staatsverschuldung durch Budgetkürzungen und Steuererhöhungen den Staatsbürgern aufbürden?
- Wenn Banken das Privileg haben, selbst hergestelltes Geld zu verleihen, dafür Zinsen und Sicherheiten zu verlangen und beim Ausblei-

ben der Rückzahlung reale Werte durch den jeweils zuständigen Staatsapparat pfänden lassen, führt das nicht über Jahrzehnte hinweg zu einer schleichenden Enteignung der Völker durch die internationale Hochfinanz? Verliehen wird vornehmlich selbsterzeugtes Geld – zurückgezahlt wird vielfach zwangsläufig mit realen Werten. Um die durch Zinsen angehäufte Staatsschuldenlast zu reduzieren, muss sich auch so mancher Staat von seinem „Tafelsilber" trennen – man nennt das „Privatisierung" (Latein: *privare* = berauben).

- In der medialen Berichterstattung hören, sehen und lesen wir die täglichen Börsenberichte, wobei immer von den „Investoren" die Rede ist, welche durch ihre Transaktionen das Auf und Ab der Börsenkurse bewirken. Die landläufige Annahme wird wohl sein, dass von diesen Investoren reale Aktiengeschäfte abgewickelt werden. Weit gefehlt! Die Börsen sind längst zu einem Spielkasino für Geldjongleure geworden. Mit der Bezeichnung „Investor" wird diesen Spekulanten nur das Mäntelchen der Seriosität umgehängt. Rund 95 % der Börsengeschäfte haben rein spekulativen Charakter. Spekuliert wird mit allem – auch mit dem Bankrott ganzer Staaten. Auf dieses irrwitzige kasinomäße Börsenspiel schaut wie gebannt die Öffentlichkeit und begreift nicht, dass hier eine gewaltige Umverteilung von Arm zu Reich vollzogen wird. Spiegeln diese Kursbewegungen die jeweilige Entwicklung in der Realwirtschaft wieder? Das hinterfragt mit Recht ganz öffentlich der Vorsitzende des deutschen Umweltverbandes, Michael Müller, und hat die Intendanten der Fernsehanstalten aufgefordert, ihre Börsensendungen einzustellen: *„Stoppt endlich das alltägliche Casino im Fernsehen, denn die Börsen spiegeln nur eine künstliche Wirklichkeit, ihre Bedeutung für die Realwirtschaft ist gering."*

- Im neoliberlalen Wirtschaftssystem ist das oberste Ziel Gewinne zu machen. Der Erreichung dieses Ziels ist, alles unterzuordnen und es ist hierfür beinahe jedes Mittel recht. Auch die rücksichtslose „Freisetzung" von tausenden Arbeitskräften. Diese werden in die Obhut des Staates geschickt und man nennt das „Gewinne privatisieren – Verluste sozialisieren".

- Die Großbanken bejubeln wieder ihre Riesengewinne, sagen aber nicht, aus welchen Geschäftssparten sie diese lukrieren. Man sollte wohl annehmen, dass diese primär aus den Stammgeschäften, also aus der Kreditvergabe an die Wirtschaft, herkommen. Dem ist nicht so! Für die größten Banken der Welt kommen die Gewinne zum Großteil aus dem „Investmentbanking“ – also wieder aus jenem Bereich, der für die weltweite Finanzkrise verantwortlich war. Die Banken sind also wieder zurückgekehrt in die Kasinos, wo sie als Spieler und Croupiers gleichzeitig tätig sind. Die nächste Blase ist demnach wieder im Entstehen. Sie wird wieder platzen und die Zeche werden wieder jene bezahlen, die nie dieses Finanzkasino betreten haben. Das besonders Verwerfliche und Unmoralische ist dabei, dass diese Investmentbanken bei ihren Kasinospielen jetzt auch die Rohstoffmärkte ins Visier genommen haben. So kaufen sie in riesigen Mengen Öl, Weizen, Zucker, Soja etc. billig auf. Es entsteht eine Verknappung am Weltmarkt, die Preise steigen und dann verkaufen die Banken und sonstige Investoren mit großen Gewinnen die Produkte. Und die Politik sieht ohnmächtig zu.

Daher: Schauen wir nicht länger zu, was die Finanzindustrie mit Duldung der Politik der Mehrheit der Menschheit antut! Nehmen wir jetzt selber das Heft in die Hand und erheben wir uns. Wir brauchen dazu nicht unbedingt auf die Strasse zu gehen. Bedienen wir uns jenes Mediums, welches die globalen Finanzjongleure für ihre Zwecke nutzen: Die neuen Kommunikationsstrukturen des Internets.
Sind wir uns darüber im Klaren: Unser Geldsystem wird von einer gewissenlosen Minderheit dazu missbraucht, um sich enorme Vermögenswerte mit „nicht verdientem Geld“ anzueignen. Dem muss nicht nur ein für alle mal Einhalt geboten werden, sondern:

Die Habgier-Spekulanten

wären gut beraten, jenes Vermögen herauszugeben, das sie unter dem Schutzmantel neoliberaler Gesetzeslücken und fehlender Kontrollmechanismen zum Schaden der Menschheit angehäuft haben – noch bevor die Geduld der Geschädigten am Ende ist.

Namen, Adressen und Links

Linkliste zum Thema Geld:

www.unterguggenberger.org/index.php
Unterguggenbergerinstitut in Wörgl/Tirol

www.nationaleschulden.wordpress.com
Nationale Schulden – wie Staaten verwirtschaftet werden und wie es Europa besser machen könnte

www.egon-w-kreutzer.de/Geld/Sammlung%20Geld.html
Ausgezeichnete und klar strukturierte Aufbereitung der Geldproblematik – DRINGEND EMPFOHLEN!!!

www.geldreform.de/
sehr umfangreiches Archiv der deutschen Geldreformbewegung (inkl. Bücherdownload)

www.berndsenf.de/
Homepage von Prof. Bernd Senf

www.inwo.de/
Initiative für eine natürliche Wirtschaftsordnung

www.sosmoneya.blogspot.com/
Beiträge von Ernst Dorfner

www.members.eunet.at/gerhard.margreiter/index.html
Initiative „Geld ohne Schulden" – sehr umfangreiche Linkliste und noch umfangreicheres Literaturverzeichnis

www.taxos.info/
Initiative des newmoney-Diskussionsforums

www.ag-gwo.de/index.html
Arbeitsgruppe gerechte Wirtschaftsordnung: erstellt Medien und Materialien für Schule und Erwachsenenbildung

www.moneymuseum.com
Das MoneyMuseum erzählt Geschichte und Geschichten rund ums Geld

www.subhash.at/freigeld/
Informationen rund ums Thema Komplementärwährung und Freigeld

www.staatsschulden.at/
Infos zur österreichischen Budgetpolitik mit ständig aktualisierten Staats - schulden von DI Viktor Krammer

www.vielegelder.de
Redaktionelle Nachrichten von Ludwig Schuster, Agentur für endogene Regionalentwicklung REGIOprojekt

Regionalwährungen:

www.waldviertler-regional.at
www.styrrion.at
www.regiogeld.de/
Plattform der deutschsprachigen Regio-Initiativen – inkl. Linkliste zu den einzelnen Regionalwährungen

www.regionales-wirtschaften.de/
Möglichkeiten und Chancen einer regional orientierten Wirtschaftsweise

www.margritkennedy.de
Dr.Margrit Kennedy über komplementäre Währungen

Tauschkreise:

www.tauschkreise.at
Der Tauschkreis-Verbund ist der erste Zusammenschluss von mehreren Tauschkreisen im deutschsprachigen Raum.

www.talente-tauschkreis-enns.at
www.talentiert.at
Tauschkreis Vorarlberg – inkl. Linkliste zu allen Tauschkreisen im deutschsprachigen Raum

www.talent.ch
www.talentenetztirol.net
www.timesozial.org
LA21-Projekt TIMESOZIAL - Zeitbank in Kombination mit Tauschkreis, Bartering und Regiogeld in der oberösterreichisch-bayerischen Grenzregion

Menschenrechts- und Umweltschutzorganisationen:

www.greenpeace.at
www.suedwind-agentur.at
www.global.2000.at
www.fuereinebesserewelt.info: Liste mit NGOs, Initiativen und Bürger - bewegungen, die sich für ene bessere Welt einsetzen

www.attac.at
Attac setzt sich für die demokratische und sozial gerechte Gestaltung der globalen Wirtschaft ein

Bücherliste

Jean Ziegler:
„Das Imperium der Schande – Der Kampf gegen Armut und Unterdrückung“
„Wie kommt der Hunger in die Welt“
„Die neuen Herrscher der Welt und ihre globalen Widersacher“
„Der Hass auf den Westen – Wie sich die armen Völker gegen den wirtschaftlichen Weltkrieg wehren“

Margrit Kennedy:
„Geld ohne Zinsen und Inflation – Ein Tauschmitttel, das jedem dient“
„Regionalwährungen: Neue Wege zu nachhaltigem Wohlstand“

Helmut Creutz:
„Das Geldsyndrom – Wege zu einer krisenfreien Marktwirtschaft“
„Die 29 Irrtümer rund ums Geld“

Bernard A. Lietaer:
„Das Geld der Zukunft – Über die zerstörerische Wirkung unseres Geldsystems und Alternativen hierzu“
„Mysterium Geld – Emotionale Bedeutung und Wirkungsweise eines Tabus“
„Die Welt des Geldes – Das Aufklärungsbuch“

Klaus Popp:
„Das Märchen vom guten Zins – Auswege aufzeigen, Krisen verhindern mit Fairconomy“

Heinrich Wohlmeyer:
„Globales Schafescheren – Gegen die Politik des Niedergangs“

Adam Winnicki:
„Wer regiert die USA? – Die Drahtzieher der Globalisierung“

Bernd Senf:
„Der Nebel um das Geld – Zinsproblematik, Währungssysteme, Wirtschafts - krisen“

Wolfgang Broer:
„Schwundgeld – Bürgermeister Unterguggenberger und das Wörgler Währungsexperiment 1932/33“

Robert Islinger:
„Einkaufen ohne Geld – So profitieren Sie von Tauschringen und Kontaktbörsen"

Joachim Sikora /Günter Hoffmann:
„Vision einer Gemeinwohl-Ökonomie – Auf der Grundlage einer komplementären Zeitwährung"

Manon Baukhage und Daniel Wendl:
„Tauschen statt bezahlen – Die Bewegung für ein Leben ohne Geld und Zinsen"

Attac (Hrsg):
„Crash statt Cash – Warum wir die globalen Finanzmärkte bändigen müssen"

Tobias Plettenbacher:
„Neues Geld – neue Welt. Die drohende Wirtschaftskrise – Ursachen und Auswege"

Christian Felber:
„50 Vorschläge für eine gerechte Welt – Gegen Konzernmacht und Kapitalismus"

Club of Vienna – www.clubofvienna.org:
„Kapitalismus gezähmt? Weltreligionen und Kapitalismus"

Daniel Gros/Sonja Sagmeister:
„Nachkrisenzeit – Wie die erfolgreichste Denkfabrik Europas unsere Welt für die nächste Generation sieht"

Manfred Julius Müller:
„Das Kapital und die Globalisierung – Plädoyer für die Entmachtung des Kapitals und die Rückbesinnung zur Marktwirtschaft"

K.Gabriel/M.Schlagnitweit:
„Das gute Geld. Ethisches Investment – Hintergründe und Möglichkeiten"

Walter Sonnleitner:
„Stirb bankrott! – Ihre Erben würden nicht wollen, dass Sie dieses Buch lesen"

Gianluigi Nuzzi:
„Vatikan AG – Ein Geheimarchiv enthüllt die Wahrheit über die Finanz- und Politskandale der Kirche"

Wilfried Bommert:
„Kein Brot für die Welt – Die Zukunft der Welternährung"
Max Deml, Hanne May:
„Grünes Geld – Jahrbuch für ethisch-ökologische Geldanlagen"

Klaus Werner, Hans Weiss:
„Das neue Schwarzbuch der Markenfirmen – Machenschaften der Weltkonzerne"

Reiner Bischoff:
„Entmachtung der Hochfinanz – Demokratie, Frieden, Arbeit für alle, Kultur- und Naturbewahrung sind möglich"

Andreas Argens:
„Gebt unser Geld zurück – Vom Währungsuntergang zum Staatsbankrott"

Bill Bonner/Addison Wiggins:
„Das Schuldenimperium: Vom Niedergang .des amerikanischen Weltreichs und der Entstehung einer globalen Finanzkrise"

Henrik Müller:
„Sprengsatz Inflation – Können wir dem Staat noch trauen?"

Zarlenga Stephan:
„Der Mythos vom Geld – die Geschichte der Macht"

Elisabeth C. Gründler:
„Komplementäres Geld – Vorteile, Erscheinungsformen und Funktkionsweisen"

Roland Wirth:
„Marktwirtschaft ohne Kapitalismus"

Stefan Brunhuber u. a.:
„Wie wir wirtschaften werden – Szenario und Gestaltungsmöglichkeiten für zukünftige Finanzmärkte"

BEIGEWUM/Attac:
„Mythen der Krise"

F. William Enhdal:
„Der Untergang des Dollar-Imperiums – Die verborgene Geschichte des Geldes und die geheime Macht des Money Trusts"

Sahra Wagenknecht:
„Wahnsinn mit Methode – Finanzcrash und Weltwirtschaft"

Hans-Olaf Henkel:
„Die Abwracker: Wie Zocker und Politiker unsere Zukunft verspielen"

G. Edward Griffin:
„Die Kreatur von Jekyll Island – Die US-Notenbank FEDERAL RESERVE, das schrecklichste Ungeheuer, das die internationale Hochfinanz je schuf"

Susanne Schmidt:
„Markt ohne Moral: Das Versagen der internationalen Finanzelite"

Ferdinand Lips:
„Die Gold-Verschwörung – Ein Blick hinter die Kulissen der Macht von einem Privatbankier aus der Schweiz"

Prof. Dr. Max Otte:
„Der Große Crash 1929: Ursachen, Verlauf, Folgen"

Murray Newton Rothbard:
„Das Scheingeld-System – Wie der Staat unser Geld zerstört"

Reiner Bischoff:
„Entmachtung der Hochfinanz: Demokratie, Frieden, Arbeit für alle, Kultur- und Naturbewahrung sind möglich"

Meinhard Miegel:
„Wohlstand ohne Wachstum"

Michael Chossudovsky:
„Global brutal. Der entfesselte Welthandel. Die Armut, der Krieg"

Christine Buchholz:
„Unsere Welt ist keine Ware. Handbuch für Globalisierungskritiker“

John Perkins:
„Im Dienst der Wirtschaftsmafia – Ein Geheimagent packt aus“

Caspar Dohmen:
„Let's make Money. Was macht die Bank mit unserem Geld?“

Geraint Anderson:
„Cityboy. – Geld, Sex und Drogen im Herzen des Londoner Finanzdistrikts“

Klaus Werner-Lobo:
„Uns gehört die Welt! Macht und Machenschaften der Multis“

Christian Felber:
„Kooperation statt Konkurrenz. 10 Schritte aus der Krise“

Manon Baukhage, Daniel Wendl:
„Tauschen, statt bezahlen. Die Bewegung für ein Leben ohne Geld und Zinsen“

Buchholz, Karras, Nachtwey, Schmidt:
Colin Crouch:
„Das befremdliche Überleben des Neoliberalismus“

Dean Henderson:
„Das Kartell der Federal Reserve – Acht Familien beherrschen die Welt“

Franz Hörmann/Otmar Pregetter:
„Das Ende des Geldes – Wegweiser in eine ökosoziale Gesellschaft“

Filmtipps

Der große Ausverkauf
Ein schockierender Dokumentarfilm von Florian Opitz über die dramatischen Folgen von Privatisierung zur Steigerung des Wirtschaftswachstums.

Die Billionen-Dollar-Krise
Eine DVD des MoneyMuseums Zürich, die erzählt, wie es zu der von den USA kaskadenartig ausgehenden Finanzkrise kommen konnte.

Monsanto – Mit Gift und Genen
Von Dioxin zum gentechnisch verändertem Organismus.

Jagdzeit – Den Walfängern auf der Spur
Ein Film über den Greenpeace-Einsatz gegen die japanische Walfangflotte, die im südpolaren Walschutzgebiet unterwegs ist, um 1000 Großwale zu töten.

Im Dienst der Wirtschaftsmafia – Ein Geheimagent packt aus
Ein Dokumentationsfilm über den Ausbau der US-Wirtschaft auf Kosten der Dritten Welt.

Und macht euch die Erde untertan
Ein Dokumentarfilm von Christoph Walder über das umstrittene Kraftwerk-Bauvorhaben am Tigris in der Türkei.

„Money as debt – Geld als Schuld“
Ein aufschlussreicher Film von Paul Grignon über unser Geld, wo es herkommt, wies es sich vermehrt und welche Gefahren hierin lauern.

Unser Geld zerstört die Welt! Warum?
Vortrag und Diskussion mit Helmut Creutz.

Gerechtes Geld – Gerechte Welt
Erkenntnisse des Wirtschaftsanalytikers Helmut Creutz.

Der Geist des Geldes
Kinofilm von Yorick Niess.